RICHARD WAGNER

WALKÜRE

KLAVIERAUSZUG MIT TEXT VON

FELIX MOTTL

C. F. PETERS

FRANKFURT/M. · LEIPZIG · LONDON · NEW YORK

FELIX MOTTL

schrieb bei Herausgabe der Wagner=Klavier=
Auszüge an den Verlag

ICH HATTE DAS GLÜCK einer Anzahl Proben und den Aufführungen des Tannhäuser und Lohengrin, welche Richard Wagner 1875 in Wien neu einstudierte (den Lohengrin hat er dort auch einmal persönlich im Orchester dirigiert) beizuwohnen. – Ferner habe ich im Jahre 1876 bei sämtlichen Proben und Aufführungen des »Ring« in Bayreuth als Bühnenassistent mitgewirkt und endlich eine große Anzahl der Aufführungen des Parsifal 1882 in Bayreuth mit erlebt. Bei allen diesen Gelegenheiten habe ich mir genaue Aufzeichnungen über die Angaben des Meisters gemacht und lege dieselben als Ergebnis meiner Bühnenpraxis in den Klavier=Auszügen der Edition Peters nieder. – Daß diese Zusätze durchaus authentisch sind, dafür stehe ich ein. Diese Aufzeichnungen werden in einer Zeit, in welcher persönliche Auffassungen sich übermäßig geltend machen, allen Ernstgesinnten von hoher Bedeutung sein.

DER RING DES NIBELUNGEN

ERSTER TAG: DIE WALKÜRE

JETZT geht's doch erst los," schreibt Wagner, als er nach Beendigung des „Rheingolds" die „Walküre" beginnt, die ihm „schon ganz herrlich in den Gliedern liege". In der Tat, erst die „Walküre" gab dem Musiker alle Möglichkeiten, seine hohen Gaben zu entfalten: die edelsten Leidenschaften und die gewaltigsten Affekte, hingebende Liebe, furchtloses Mitleid, schmerzliche Entsagung — das alles flutet hier wie in einem Strome warmen Lebensblutes zusammen.

Im Juni 1854 begann die Komposition der „Walküre", Ende des Jahres wurde die Skizze beendet. Dann aber trat eine lange Unterbrechung ein, als Wagner, zum Gelderwerb gezwungen, im Frühjahre 1855 vier Monate in London Konzerte dirigierte. Dort lernte er Karl Klindw rth kennen, der einen Klavier-Auszug der „Walküre" begann und dann allmählich den ganzen „Ring" bearbeitete. In die Schweiz zurückgekehrt, wurde Wagner durch Krankheiten in der Arbeit so gehemmt, daß die „Walküre" erst April 1856 ganz beendet werden konnte. Daß das Werk schöner sei, als alles bisher Geschaffene, meldet er mehrfach den Freunden.

Wotans Läuterung: wenn wir damit den Inhalt der ganzen Tetralogie bezeichnen dürfen, so enthält „Die Walküre" die erste Phase dieses seelischen Vorgangs. Der Gott, der in der Machtbegierde doch nach Liebe verlangte, muß allem entsagen, was er liebt, so daß seine Macht ihm zum Ekel wird und er nur noch das Ende ersehnt. Er hat sich die Walküren geschaffen, welche ihm die tapfer im Kampf gefallenen Helden von der Walstatt nach Walhall führen, damit sie den Göttern beistehen im Streite gegen Alberich und sein nächtliches Heer; er hat zum Kampfe mit dem Drachen Fafner, der nun den Hort und den Ring hütet, sich einen Helden gezeugt, Siegmund, da er selbst, durch Verträge gebunden, gegen Fafner nicht kämpfen darf. Aber Siegmund ist nicht der freie Held, der ohne die Götter Taten wirkt, da Wotan ihn lenkt, ihm die Prüfungen bereitet und für ihn das Schwert in den Stamm stieß, das Siegmund sich nun gewinnt, zugleich mit der bräutlichen Schwester Sieglinde. Wotan muß das unselige, schuldvolle Wälsungenpaar dem Gesetz der Sitte opfern; aber auch die Walküre Brünnhilde, die seinem Herzen als geliebtestes Kind teuer ist, reißt sich von ihm los, als er ihr befohlen hat, Siegmund im Kampfe zu verlassen; von innigstem Mitleiden ergriffen, handelt sie gegen Wotans Gebot. Er muß sie zur Strafe ihrer Gottheit berauben, auf daß die Schlafende dereinst einem freien Helden, der furchtlos durch das Feuer zu ihr dringen und sie wecken würde, als Gattin angehöre.

Mehr noch als im „Rheingold“ konnte Wagner hier die neugewonnene Art seines musikalischen Schaffens bewähren. Auch hier grandiose, elementare Tonbilder, wie im Ritt der Walküren und im Feuerzauber; aber daneben die innigste Seelenschilderung, so im 1. Akte, wenn das vom Unglück verfolgte Geschwisterpaar sich in die Augen schaut und die Instrumente dazu die aus zartem Mitleid keimende Liebe künden, die dann in hellen Flammen auflodert, oder wenn in Brünnhildes Herzen der Sturm des Mitgefühls mit Siegmund den herrlichen Willen erregt, Wotans Gebot zu trotzen. Ganz neue Aufgaben bot die lange Erzählung Wotans im 2. Akte und die von Klängen weltentrückter Weihe durchzogene Todkündung; aber den Gipfel erreicht Wagners Musik am Schlusse, wo die ihm so ganz eigene Vereinigung von erhabener Größe und inniger Wehmut, von Liebe und Schmerz sich zum elementaren Abschluß steigert und verklärt.

Die „Walküre“ erlebte gegen den Willen des Meisters die erste Aufführung 1870 in München; im Zusammenhang des ganzen „Ringes“ wurde sie zuerst am 14. August 1876 in Bayreuth gegeben.

Richard Sternfeld.

München.
Königl. Hof- und National-Theater.

Sonntag, den 26. Juni 1870.
Außer Abonnement.
Zum erstenmale:

Die Walküre.

(Regie: Dr. Hallwachs.)

Siegmund	Herr Vogl.
Hunding	Herr Bausewein.
Wotan	Herr Kindermann.
Sieglinde	Frau Vogl.
Brünnhilde	Frl. Stehle.
Fricka	Frl. Kauffmann.
Helmwige	Frau Possart.
Gerhilde	Frl. Leonoff.
Ortlinde	Frl. Müller.
Waltraute	Frl. Hemauer.
Siegrune	Frl. Eichheim.
Grimgerde	Frl. Ritter.
Schwertleite	Frl. Leehofer.
Roßweiße	Frl. Tyroler.

Die decorativen Arrangements und Maschinerien nach Angabe des Großherzogl. Hoftheater-Maschinisten Herrn Karl Brandt in Darmstadt, ausgeführt von dem Münchener Hoftheater-Maschinisten Herrn Friedr. Brandt. Die Wolkenzüge nach Angabe des Hoftheatermalers Herrn Quaglio.

Kostüme, Waffen, Requisiten 2c. nach Angabe des technischen Directors Herrn Franz Seitz.

Anfang 6 Uhr. Ende 11 Uhr.

DIE WALKÜRE

PERSONEN DER HANDLUNG:

SIEGMUND	Tenor	[12]	SIEGLINDE	Sopran	[13]
HUNDING	Baß	[22]	BRÜNNHILDE	Sopran	[91]
WOTAN	Hoher Baß	[91]	FRICKA	Sopran	[96]

GERHILDE [205], ORTLINDE [208], WALTRAUTE [207], SCHWERTLEITE [207],
HELMWIGE [206], SIEGRUNE [211], GRIMGERDE [212], ROSSWEISSE [212]
} WALKÜREN Sopran u. Alt

Schauplatz der Handlung:

Erster Aufzug: Das Innere der Wohnung Hundings.—Zweiter Aufzug: Wildes Felsengebirg.
Dritter Aufzug: Auf dem Gipfel eines Felsenberges (des „Brünnhildensteines“)

INHALT

Erster Aufzug

Zweiter Aufzug

Dritter Aufzug

Die mit B. bezeichneten Zusätze entsprechen Wagners persönlich gegebenen Anweisungen.

Die Walküre

Erster Aufzug

Vorspiel und erste Szene

Stürmisch. B. *Schnell und sehr heftig.*

Richard Wagner.

f
p
dim.
cresc.

Hr.
Hbl.
Hr.
Hbl.

dim.
p
cresc.
più f

B.+ *Bei diesem Thema (Donner-Motiv) müssen die kurzen Auftaktnoten sehr stark und deutlich hörbar werden.*

Btrp. Pos.
Trp.
Hbl.
più ff
Str.
Pk.
8va bassa
Hbl. Hr.
dim.

Kl. Fg.
Hr.
p
pp
Pk.
Vc. KB.
mf
8va bassa
immer abnehmend
dim.
simile
Der Vorhang geht auf. — Das Innere eines Wohnraumes; um einen starken Eschenstamm, als Mittelpunkt, gezimmer-
ter Saal. Rechts im Vordergrunde der Herd; dahinter der Speicher; im Hintergrunde die große Eingangstüre: links in der Tiefe führen Stufen zu einem inneren Gemache; daselbst im Vordergrunde ein Tisch, mit breiter Bank, an die Wand gezimmert, dahinter,
più p
hölzerne Schemel davor. Die Bühne bleibt eine Zeitlang leer; außen Sturm, im Begriffe sich gänzlich zu legen.
pp

Siegmund öffnet [B·genau mit dem fp] von außen die Eingangstüre, und tritt ein. Er hält den Riegel
Hr.
Str.
p
fp
noch in der Hand und überblickt den Wohnraum; er scheint von übermäßiger Anstrengung erschöpft; sein Gewand und Aussehen
Hr.
p
fp
zeigen, daß er sich auf der Flucht befinde. Da er niemand gewahrt, schließt er hinter sich, schreitet mit der äußersten Anstrengung eines Todmüden auf den Herd zu, und wirft sich dort auf eine Decke von Bärenfell nieder.
Hr.
cresc.
fp
Hr. Trp.
etwas zurückhaltend
B·Immer schwerfälliger.
f
più f
B·Hier wirft sich Siegmund am Herd nieder.
Siegmund
(Er sinkt zurück und bleibt regungslos ausgestreckt
Sm.
Wes Herd dies auch sei, hier muß ich rasten. [14]
Erstes Zeitmaß
Hr.
Str.
p

più p
pp
(Sieglinde tritt aus der Türe des inneren Gemaches: sie glaubte ihren Mann heimgekehrt; ihre ernste Miene zeigt sich dann verwundert, als sie einen Fremden am Herde ausgestreckt sieht.)
ritard.
Lento
Sieglinde (noch im Hintergrunde).
(Sie tritt ruhig einige Schritte näher.)
Sl.
Mäßig.
Ein fremder Mann? ihn muß ich fragen.
B. +++ Erster, zweiter, dritter Schritt.
Langsam
Wer kam ins
Str.
pp
p
pp
(Da Siegmund sich nicht regt, tritt sie noch etwas näher und betrachtet ihn.)
Haus und liegt dort am Herd?
Etwas langsam
Hr.
Vc. p
p
Mü-de liegt er von We-ges Mühn.
Schwanden die
pp
p
Sin-ne ihm? wä-re er siech?
(Sie neigt sich zu ihm herab und lauscht.)
Etwas belebt
Str.
ritard.
p
p
p

Sl.
Noch schwillt ihm der Atem; das Auge nur schloß er. Mutig dünkt mich der Mann,
ruhig
p
Str.
sank er müd auch hin.
Siegmund (fährt jäh mit dem Haupt in die Höhe).
Ein Quell! ein Quell!
Er-
cresc.
mf
quickung schaff ich.
(Sie nimmt schnell ein Trinkhorn und geht damit aus dem Haus.)
Belebend
sehr ausdrucksvoll
B. Nicht zu sehr beschleunigen.
cresc.
(Sie kommt zurück, und reicht das gefüllte Trinkhorn Siegmund.)
B. Haupttempo
f etwas zurückhaltend
dim.
weich
Sieglinde
Langsamer
Labung biet ich dem lech-zen-den Gaumen:
p weich

(Siegmund trinkt, und reicht ihr das Horn zurück. Als er ihr mit dem Haupte
Sl.
Wasser, wie du ge-wollt!
Vc.
più p
Dank zuwinkt, haftet sein Blick mit steigender Teilnahme an ihren Mienen.)
Vc. KB.
più p
pp
sehr weich
Siegmund
Sm.
Küh-len-de Labung gab mir der Quell, des Mü-den Last machte er leicht: er-
Langsam
frischt ist der Mut, das Aug er-freut des Se-hens se-li-ge Lust.
dim.
B. Hier macht Sieglinde einige Schritte gegen Sieg-
Wer ist's, der so mir es labt?
Vl.
Br.

mund, hält aber (beim
C piano, wieder inne.
B. Düster und dunkel vorzutragen.
Sieglinde
Sl.
Langsam.
Dies Haus und dies Weib sind Hundings Eigen; gastlich gönn' er dir Rast:
Str. pizz.
p Vc. pizz.
p
Das vorige Zeitmaß.
Sl.
harre bis heim er kehrt.
Siegmund
Sm.
Waf-fen-los bin ich: dem wunden Gast wird dein
Br.
p Vc.
Sieglinde (mit besorgter Hast)
Sl.
Die Wunden weise mir schnell! [18]
(Er schüttelt sich und springt lebhaft vom Lager zum Sitz auf.)
Sm.
Gatte nicht wehren.
Gering sind sie,
Etwas belebt B. Nicht eilen
Str.
sfp
f
p
Sm.
der Rede nicht wert; noch fü - gen des Leibes Glieder sich fest. Hät-ten halb so stark wie mein
f
p
f
p
p

Sm.
Arm Schild und Speer mir ge - - hal - ten, nimmer floh — ich dem
Feind; doch zer - schellten mir Speer und Schild.
Hbl. Hr.
Str.
Der Fein - - de Meu - te hetzte mich müd, Gewit - ter-Brunst
brach meinen Leib; doch schneller als ich der Meute, schwand die Mü - digkeit
rall.
Str.
p rall.
dim.
Allmählich etwas langsamer
mir: sank auf die Li - der mir Nacht, die Son - ne lacht mir nun
Kl.
Fg.
Hr.
Vc.
più p

(Sieglinde geht nach dem Speicher, füllt ein Horn mit Met und reicht es Siegmund mit freundlicher
Sm.
neu.
Mäßig bewegt.
B. Zart bewegt.
Str.
cresc.
Bewegtheit.)
dim.
più dolce
rall.
Sieglinde
Sl.
Des sei-mi-gen Me-tes sü-ßen Trank
Langsam
mögst du mir nicht ver - schmähn.
Siegmund
Schmecktest du mir ihn zu?
Kl.
dolce
più p
Hr.
(Sieglinde nippt am Horne und reicht es ihm wieder.)
Sehr langsam und ausdrucksvoll
(Siegmund tut einen langen Zug, indem er den Blick mit wachsen-
Fg.
Vc.
dim.
der Wärme auf sie heftet. Er setzt so das Horn ab und läßt es langsam sinken, während der Ausdruck der Miene in
più p

starke Ergriffenheit übergeht.)
pp
accel.
cresc.
Str.
(Er seufzt tief auf, und senkt den Blick düster zu
rall.
Engl.H. Fg.
ff dim.
f
dim.
Boden.)
Siegmund (mit bebender Stimme).
Sm.
lebhaft
Einen Un-se-li-gen lab-test du: Un-heil
Langsam.
cresc.
p Vc.
f>p
p
(Er bricht schnell auf, um fortzugehn.)
wende der Wunsch von dir! Ge-rastet hab ich und süß ge-
B. Die Triolen nicht übereilen
Lebhaft.
Str. cresc.
ruht: wei-ter wend ich den Schritt.
Schnell
(Er geht nach hinten.)
string.
p cresc.
più f
Sieglinde (lebhaft sich umwendend).
Sl.
Wer verfolgt dich, daß du schon fliehst?
(von ihrem Ruf gefesselt wendet sich wieder)
langsam und düster
Langsam
Mißwen-de folgt mir, wohin ich flie-he;
Ob. Kl.
Hr.
Vc.
p
f
p B.

Sm.
Miß - wen - de naht mir, wo ich mich nei - ge:
Hbl. Kl. Hr.
Vc.
Horn.
dir Frau doch blei - be sie fern!
dim.
piu p
Fg.
Rasch
Sieglinde (in heftigem
Sl.
So blei - be hier!
(Er schreitet schnell bis zur Türe und hebt den Riegel.)
fort wend ich Fuß und Blick.
cresc.
Str.
accel.
piu f
Selbstvergessen ihm nachrufend.)
B. Mit äußerster Kraft
zurückhaltend
langsamer
rall.
Nicht bringst du Un - heil da - hin, wo Un - heil im Hau - se
Hbl. Hr.
Engl. H. Fg.
p rall.
(Siegmund bleibt tieferschüttert stehen: er forscht in Sieglindes Mienen; diese schlägt verschämt und
wohnt! 22
Langsam
p ruhig und ausdrucksvoll
Vl. Br.
Vc. KB.

traurig die Augen nieder. Siegmund kehrt zurück.)
p
piu p
Siegmund
Sm.
Weh-walt hieß ich mich selbst: Hun-ding will ich er-
pp
f
f Hr.
Str.
(Er lehnt sich an den Herd: sein Blick haftet mit ruhiger und entschlossener Teilnahme an Sieglinde: diese
war-ten. 23
Hr.
Kl.
Vl.
Engl.H.
p sehr weich
hebt langsam das Auge wieder zu ihm auf; beide blicken sich, in langem Schweigen, mit dem Ausdruck tiefster Ergriffenheit, in die
piu p
pp
sehr ausdrucksvoll
Augen.)
B. Hier erhebt Sieglinde den Blick
Ob.
dim.
piu p
sehr zart
ppp

Zweite Szene

Sieglinde fährt plötzlich auf, lauscht und hört Hunding, der sein Roß außen zu Stalle führt.

Siegmund (der ruhig und fest Hunding beobachtet).
Sm.
Dach und Trank dank ich ihr: willst du dein Weib drum schelten? [25]
Str.
Hunding.
H.
Heilig ist mein Herd: heilig sei dir mein Haus.
(Er legt seine Waffen ab
Tb.
und übergibt sie Sieglinde.)
(zu Sieglinde)
Rüst uns Männern das
Br. Vc.
dim.
Mahl!
(Sieglinde hängt die Waffen an Ästen des Eschenstammes auf, dann holt sie
Str.
Speise und Trank aus dem Speicher und rüstet auf dem Tische das Nachtmahl.)
Tb.
più p

(Unwillkürlich heftet sie wieder den Blick auf Siegmund.)
Vl.
dim.
pp
(Hunding mißt scharf und verwundert Siegmunds Züge, die er mit denen seiner Frau vergleicht.)
B. Leise
Hunding (für sich)
p
H.
Wie gleicht er dem Wei-be! Der glei-ßende Wurm glänzt auch ihm aus dem Au-ge.
Kl. Hbl.
p
rall.
più p
Kl. Bkl. Fg.
pp
(Er birgt sein Befremden und wendet sich wie unbefangen an Siegmund.)
Bkl.
pp
Weit her, traun! kamst du des Wegs; ein Roß nicht ritt, der Rast hier fand: welch schlim-me Pfa-de schu-fen dir
Kl. Fg.
Str.
Kl. Fg.
Str.
p

Siegmund
Sm.
H.
Pein?
Durch Wald und Wie-se, Heide und
Hain jagte mich Sturm und star-ke Not: nicht kenn ich den Weg, den ich
kam. Wo-hin ich irr-te, weiß ich noch minder: Kunde gewänn ich des gern. [27]
Hunding
Des
dim.
(Hunding am Tische und Siegmund den Sitz bietend.)
Dach dich deckt, des Haus dich hegt, Hunding heißt der Wirt;
Tb.
Br.
wendest von hier du nach West den Schritt, in Hö-fen reich hausen dort Sippen, die
Str.

H.
Hundings Ehre be - hü - - - ten: gönnt mir Eh - re mein Gast, wird sein
Br.
p
(Siegmund, der sich am Tische niedergesetzt, blickt nachdenklich vor sich hin.
Na - me nun mir ge - nannt.
Str. p
Bkl.
più p
Sieglinde, die sich neben Hunding, Siegmund gegenüber gesetzt, heftet ihr Auge mit auffallender Teilnahme und Span -
Kl.
p
dim. - - - pp
Ob.
p
Hbl.Hr.
nung auf diesen.)
Hunding (der beide beobachtet).
Trägst du Sor-ge mir zu vertraun, der Frau hier
p
Str.
p
p
Sieglinde (unbefangen und teilnahmvoll).
Sl.
Gast, wer du bist, wüßt ich
gib doch Kunde: sieh, wie gie-rig sie dich frägt! [29]
p

(Siegmund blickt auf, sieht ihr in das Auge, und beginnt ernst.)
Sl.
gern. 30
Sehr ruhig
p ruhig
Vc.
dim.
Str.(pizz.)
B. Einfach, ohne Sentimentalität vorzutragen.
Siegmund
Sm.
Friedmund darf ich nicht hei-ßen; Frohwalt möcht ich wohl sein: doch Weh-walt
p
immer gut gehalten
muß ich mich nennen. Wol-fe, der war mein Va-ter; zu zwei kam ich zur Welt, eine
Hr. Fg.
Str.
Vc.
f
dim.
Zwil-lings-Schwester und ich. Früh schwanden mir Mutter und Maid; die mich ge-
Hr.
p
più p
f
fp Horn.
Str.(pizz.)
bar, und die mit mir sie barg, kaum hab ich je sie gekannt. Wehrlich und stark war Wolfe; der
Br. Vc. Kl.
cresc.
Hr. Fg.

Sm.
Fein-de wuchsen ihm viel. Zum Ja-gen zog mit dem
Jungen der Al-te; von Hetze und Harst einst kehrten wir heim,
da lag das Wolfsnest leer. Zu Schutt gebrannt der prangende Saal, zum
Stumpf der Eiche blühender Stamm; erschlagen der Mutter mu-tiger Leib, verschwunden in
Glu-ten der Schwe-ster Spur: uns schuf die her-be Not der Nei-dinge har-te
Hr.
cresc.
Str. (pizz.)
Ve. KB.
Br.
Ve.

Sm.
Schar.
Ge - ächtet floh der Al - te mit mir;
Ve.
Br.
Hr.
Fg.
dim.
lan - ge Jah - re leb - te der Jun - ge mit Wol - fe im wil - den Wald:
Hr.
man - che Jagd ward auf sie gemacht; doch mu - - tig wehr - - te das
Hr.
cresc.
Fg.
Wolfs - paar sich.
(zu Hunding gewandt)
Ein Wöl - fing kündet dir das, den als
Hr. Fg.
Br. Vc.
„Wölfing" mancher wohl kennt.
Hunding
H.
Wunder und wilde Mä - re kündest du, küh - ner
Hr.
Fg.
KB.

H.
Gast, Wehwalt, der Wöl-fing! Mich dünkt, von dem wehrlichen Paar ver-
p
p
p
Sl.
H.
B. Das à piano und geheimnisvoll.
nahm mich dunkle Sage, kannt ich auch Wolfe und Wöl-fing nicht. [33]
Sieglinde
Doch weiter künde, Fremder: wo
p
Sl.
weilt dein Va-ter jetzt? [33]
Sm.
Siegmund
Ein starkes Jagen auf
Etwas bewegter
Br.
ten.
Vc.KB.
cresc.
Br.
p
f
f
Sm.
uns stellten die Neidinge an: der Jä - ger vie - le
Hr.
Fg.
f
Br
Vc.
p
KB.
12
8
p Vc.
Hr.
Fg.

Sm.
fie - len den Wölfen, in Flucht durch den Wald trieb sie das Wild; wie
cresc.
Spreu zerstob uns der Feind. Doch ward ich vom Vater versprengt; seine Spur ver-
Vl. II.
Hr. Fg.
KB.
fp Vc.
Br. (pizz.)
3. Sehr einfach
lor ich, je länger ich forschte: eines Wol - fes Fell nur traf ich im Forst; leer lag das vor
Hr. p
più p
Br. Vc. (pizz.)
pp
vorzutragen, kein Gefühlsausdruck
Langsam
mir, den Va - ter fand ich nicht. Aus dem
ppp Pos.
Mäßig langsam
zögernd
Wald trieb es mich fort; mich drängt' es zu Männern und Frau - en.
weich und ausdrucksvoll.
ten.
p Br. Vc.
cresc.
Kl.
più p

Sm.
Wie viel ich traf, wo ich sie fand,
Fg.
p
più p
p Br.Vc.
ob ich um Freund, um Frau - en warb, im-mer doch war ich ge - ächtet:
poco cresc.
fp Br. KB.Vc.
f Ob.Kl. Hr.
B. Nicht eilen.
Un-heil lag auf mir. Was rechtes je ich riet, andern dünkte es arg, was schlimm immer mir
p
p Str.
schien, andre ga - ben ihm Gunst. In Feh - de fiel ich, wo ich mich fand, Zorn
belebend
sfp
— traf mich, wohin ich zog; gehrt ich nach Wonne, weckt ich nur Weh:
zögernd
cresc.
Hr.
Str.
Ve.
fp
f
p

Sm.
drum mußt ich mich Weh - walt nennen; des We - hes wal - tet ich
espress.
più cresc. . .
(Er sieht zu Sieglinde auf und gewahrt ihren teilnehmenden Blick.)
nur.
Str.
sehr ausdrucksvoll
Ob.
Pk. KB.
p cresc. . .
dim.
Hunding
H.
Die so lei - dig Los dir beschied, nicht lieb - te dich die
Hbl. Hr.
dim.
pp
Hr.
Norn: froh nicht grüßt dich der Mann, dem fremd als Gast du nahst. [38]
Hr. Fg.
Br.
Pk.
Etwas lebhaft.
Sieglinde
Sl.
Feige nur fürchten den, der waf - fenlos ein - sam fährt! — Künde noch, Gast, wie du im
Vl.
Br. Vc. (pizz.)
Vc.

Sl.
Kampf zu-letzt die Waf-fe ver-lorst?
48
Etwas lebhaft
Str.(pizz.)
Vc.KB.
p
Immer lebhafter
Siegmund
Sm.
Ein trau-riges Kind rief mich zum Trutz: vermäh-len woll-te der
cresc.
f
fz Hbl. Hr.
Str.
f
p Vc.KB.
Sm.
Magen Sippe dem Mann ohne Minne die Maid. Wider den Zwang zog ich zum Schutz, der Dränger
Str.
sf
ff Hbl. Hr.
f Str.
f
Sm.
Troß traf ich im Kampf: dem Sie-ger sank der
f
f
f
Hr.
Sm.
Feind. Erschlagen la-gen die Brüder:
Ve.KB.(pizz.)
Str.
p
p
Hr.
Hr.

Sm
die Leichen umschlang da die Maid, den Grimm ver-jagt' ihr der
fp Hr.Ob.
p
cresc.
Pk.
pp
B. Sehr ruhig beginnen
Sm.
Gram. Mit wil-der Trä-nen Flut be-troff sie weinend die
f Str.
p
Fg.
B. Belebend
Sm.
Wal; um des Mor-des der eig-nen Brü-der klag-te die un-sel'-ge
p
cresc.
Sm.
Braut.
f
Hbl.
dim.
KB.
p
Sm.
Der Er-schlag-nen Sip-pen stürmten da-
Vc.
Br.

Sm.
her; ü - bermäch - tig ächz - ten nach Ra - che sie: rings um die
Ob.
Hr.
cresc.
Stät - te rag - ten mir Fein - de. Doch von der Wal wich nicht die
Hr. Fg.
Str.
Maid; mit Schild und Speer schirmt ich sie
Hr. Fg.
Str.
lang, bis Speer und Schild im Harst mir zer-
Br. Vc. KB.
Ob. Kl. Hr.
cresc.
haun. Wund und waffenlos stand ich ster - ben
Hr.
Vc. KB.
più

Sm.
sah ich die Maid:
mich hetz - te das wü - - tende
Hr.
Br. Vc. KB
p
cresc.
(Mit einem Blicke
Heer —
auf den Leichen
lag sie
tot.
Langsam
Vl.
Kl.
Hr.
Br. Vc. (pizz.)
pp Vc. KB.
voll schmerzlichen Feuers auf Sieglinde.)
Nun weißt du, fra - gende Frau, warum ich Fried - mund
pp Str.
(Er steht auf und schreitet auf den Herd zu. Sieglinde blickt erbleichend
nicht hei - ße! [42]
Sehr gemessen.
Hr. Fg. Br. Vc.
p sehr bestimmt
und tief erschüttert zu Boden.)
Ob. Hbl.
sehr zart
Vc. KB.
schwer u. zurückhaltend

Mäßig und verhalten
Hunding (erhebt sich, sehr finster)
heftiger
H.
Ich weiß ein wildes Geschlecht, nicht heilig ist ihm, was andern hehr: ver-
schneller und entschlossen
haßt ist es al - len und mir.
Zur Ra-che ward ich ge-
rufen,
Süh - ne zu nehmen für Sippen Blut:
zu spät kam ich, und
Fg.
Hr.
f cresc.
mf
Br.
fp
B.
p
Vc.K.B.
kehrte nun heim,
des flüchtgen Frevlers Spur
im
eignen Haus zu erspähn. —
(er geht herab)
Br.
Fg.
p
Pk.
Str.
Mein Haus hü - tet,
cresc.
f

H.
Wöl - fing, dich heut; für die Nacht nahm ich dich auf:
Hr. Fg.
Tb.
Str.
p
mf
cresc.
Vc. KB.
belebter
mit star - ker Waf - fe doch weh - re dich mor - gen; zum
Vc.
f
p
Pk.
Kam - pfe kies ich den Tag: für To - te zahlst du mir
accel.
cresc.
Pos.
(barsch)
(Sieglinde schreitet mit besorgter Gebärde zwischen die beiden Männer vor.)
Zoll.
Sehr lebhaft
Str. Ob. Hr. Fg.
trem.
Fort aus dem Saal! säume hier
Str.
nicht! Den Nachttrunk rüste mir drin, und har - re mein zur Ruh.
[41]

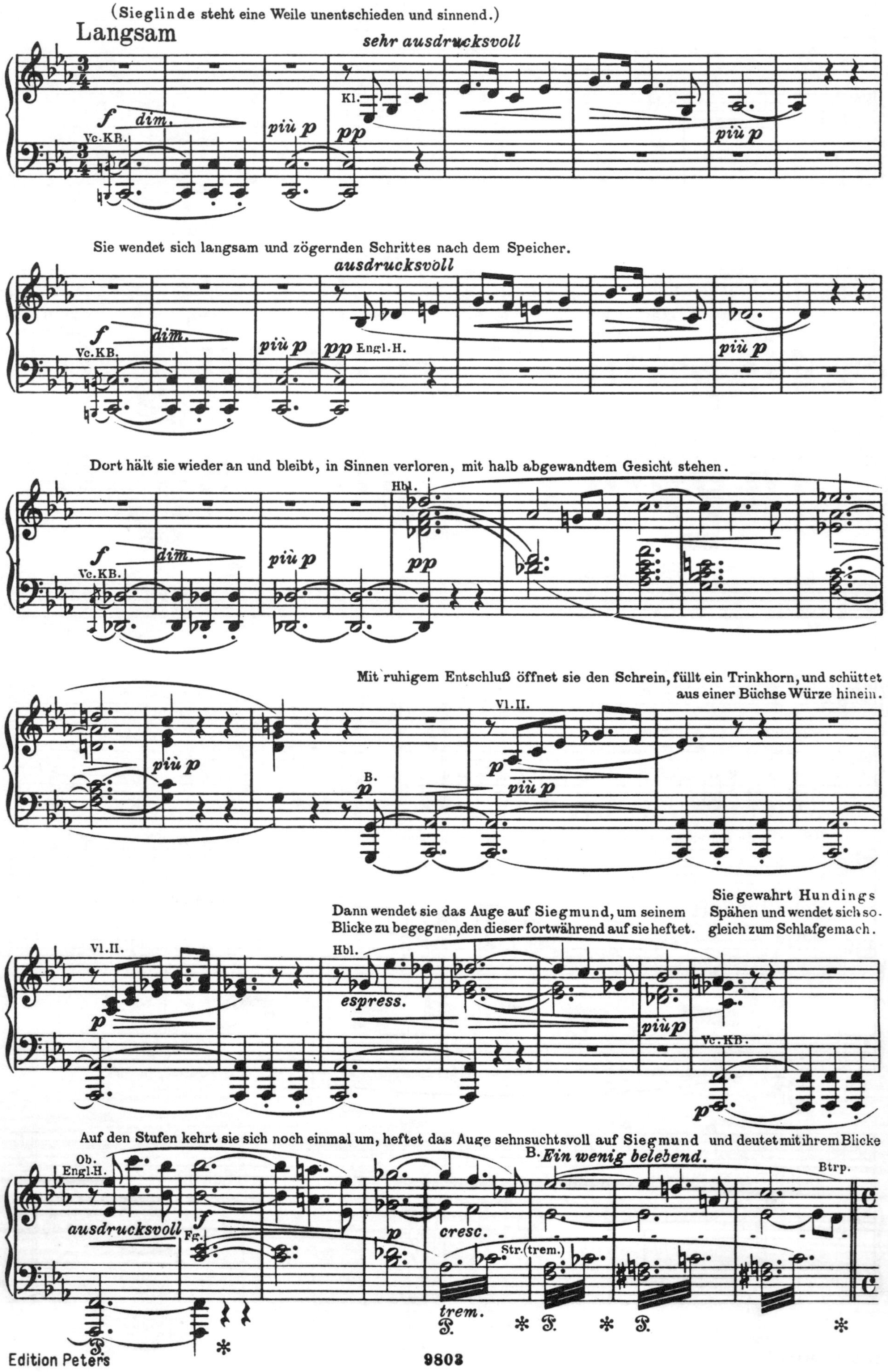
(Sieglinde steht eine Weile unentschieden und sinnend.)
Langsam
sehr ausdrucksvoll
Kl.
f dim.
Vc.KB.
più p
pp
più p
Sie wendet sich langsam und zögernden Schrittes nach dem Speicher.
ausdrucksvoll
f dim.
Vc.KB.
più p
pp Engl.H.
più p
Dort hält sie wieder an und bleibt, in Sinnen verloren, mit halb abgewandtem Gesicht stehen.
Hbl.
f dim.
Vc.KB.
più p
pp
Mit ruhigem Entschluß öffnet sie den Schrein, füllt ein Trinkhorn, und schüttet aus einer Büchse Würze hinein.
Vl.II.
più p
B.
p
p
più p
Dann wendet sie das Auge auf Siegmund, um seinem Blicke zu begegnen, den dieser fortwährend auf sie heftet.
Sie gewahrt Hundings Spähen und wendet sich sogleich zum Schlafgemach.
Vl.II.
p
Hbl.
espress.
più p
Vc.KB.
p
Auf den Stufen kehrt sie sich noch einmal um, heftet das Auge sehnsuchtsvoll auf Siegmund und deutet mit ihrem Blicke
Ob.
Engl.H.
ausdrucksvoll
f
Fg.
p
cresc.
B. Ein wenig belebend.
Str.(trem.)
Btrp.
trem.

andauernd und mit sprechender Bestimmtheit auf eine Stelle am Eschenstamme.

Dritte Szene

Siegmund allein. Es ist vollständig Nacht geworden; der Saal ist nur noch von einem schwachen Feuer im Herde erhellt.

Sm.
Waf-fen-los fiel ich in Fein-des Haus: seiner Rache Pfand raste ich
Hr.
p
Pos.
hier: ein Weib sah ich, won-nig und hehr:
Vc.
p zart
p
più p
ent-zückend Bangen zehrt mein Herz. Zu der mich nun Sehnsucht
Vl.
Hr.
Str.
mf
p
zieht, die mit sü-ßem Zauber mich sehrt, im Zwan-ge hält sie der
p
p poco cresc.
Mann, der mich Wehr-lo-sen höhnt!
più
f

Sm.
Wäl - se! Wäl - se! Wo ist dein
Str.
più f
ff
fp
Schwert? Das starke Schwert, das im Sturm ich schwän - ge, bricht mir hervor aus der
Hr.
fp Str.
f
B.
Pk.
fp Str.
mf
p
B. Beim Schwertthema immer genau das 1/16 tel und 1/8 tel unterscheiden.
Tempo I.
(Das Feuer bricht zusammen; es fällt aus der aufsprühenden Glut plötzlich ein greller Schein auf die Stelle des Eschenstammes, welche Sieglindes Blick bezeichnet hatte, und an der man jetzt deutlich einen Schwertgriff haften sieht.)
Brust, was wü - tend das Herz noch hegt?
accel.
cresc.
Hr. Fg.
Trp.
Vl. Hbl.
Br. Vc. KB.
dim.
Was gleißt dort hell im Glimmerschein? Welch ein Strahl bricht aus der Esche Stamm?
Trp.
Des Blin - den Au - ge leuch - tet ein Blitz: lu - stig
dim.
fp

Sm.
lacht da der Blick. —
Wie der
Fl.
p dolce
Schein so hehr das Herz mir sengt!
Ist es der Blick der blü - hen-den
immer pp
Ob.
ausdrucksvoll
Frau, den dort haftend sie hin-ter sich ließ, als aus dem Saal sie schied?
Ob.
B. Aufflackern des Herdfeuers.
Trp.
Hbl.
Hrfe
ausdrucksvoll
(Von hier an verglimmt das Herdfeuer allmählich.) B. Nicht schleppen.
Näch - - - ti-ges Dun - - - - kel
Str. Hr.
dim.
pp

Sm.
deck - te mein Aug; ih-res Bli - ckes Strahl
p dolce
streif - te mich da: Wär - me ge-wann ich und Tag.
mf
più p
Hr.
pp
B. Schwächeres Aufflackern.
Ob.
dolce
Kl.
Str. Hfe.
Se - lig schien mir der Son - ne Licht; den Schei - tel um-gliß mir ihr
pp
dolce
simile
won - ni - ger Glanz — bis hin-ter Ber - gen sie
Str. Pos.
più p
Pos.
Hfe.

(Ein neuer schwacher Aufschein des Feuers.)
Sm.
sank. Noch
Trp.
poco cresc.
dim.
ein - mal, da sie schied, traf mich a - bends ihr
Ob.
Kl.
più p
dolce
pp
p
Schein; selbst der al - - - - ten
Engl.H.
più p
E - sche Stamm er - glänz - te in gold - ner Glut: da
Hr.
Kl.
Trp.
pp dolce
trem.
più p
bleicht die Blü - te, das Licht ver - lischt; näch-ti-ges Dun-kel deckt mir das Au-ge:
pp Str.
p Pos.
pp Br. Vc. KB.

(Das Feuer ist
Sm.
tief in des Bu-sens Ber-ge glimmt nur noch licht - lo - se Glut.
Br. Vc.
pp Pos.
Fg.
ppp Pk.
gänzlich verloschen: volle Nacht.)
Hbl. (Das Seitengemach öffnet sich leise.)
pp
Sieglinde (in weißem Gewande tritt heraus und schreitet leise, doch rasch, auf den Herd zu).
B. Sehr leise
Sl.
Schläfst du, Gast?
Siegmund (freudig überrascht aufspringend)
Sm.
Wer schleicht da-her?
Lebhaft
pp Kl. Vc.
pp
Str. p
Sieglinde (mit geheimnisvoller Hast)
Ich bin's: hö-re mich an! In tie-fem Schlaf liegt Hunding; ich würzt ihm be-täu-ben-den
pp Vc. KB.
p Fg.
Trank: nü - tze die Nacht dir zum Heil! Ei-ne
Siegmund (hitzig unterbrechend).
Heil macht mich dein Nahn! [54]
B. Ohne crescendo
Br.
Str. p
poco cresc.
mf
p
Fg. Hr.

Sl.
Waf-fe laß mich dir wei-sen: o wenn du sie ge-wännst! Den
Vl.
p
cresc.
hehr-sten Hel-den dürft ich dich hei-ßen: dem Stärk- -sten al-
f Hbl. Hr.
più f
Hbl. Hr.
lein ward sie be-stimmt. O mer-ke wohl, was ich dir
Hbl. Hr.
Str. p
Btrp.
marc.
Langsamer
mel-de! Der Männer Sip-pe saß hier im Saal, von Hunding zur Hochzeit ge-laden: er
Str. pizz. f
p Str.
frei-te ein Weib, das un-ge-fragt Schächer ihm schenkten zur Frau. Trau-rig saß ich während sie tranken; ein
pp

Mäßig
Sl.
Fremder trat da her - - ein: ein Greis in grauem Ge-wand; tief
pp Hr. Fg. Pos.
immer pp
hing ihm der Hut, der deckt' ihm der Au - - gen ei - nes, doch des
and - - ren Strahl, Angst schuf es al-len, traf die Män - - ner sein mäch-ti-ges
Hr.
Br. Vc.
Dräun: mir al - lein weck-te das Au-ge süß seh-nen-den Harm,
B. Ohne Zurückhalten des Zeitmaßes.
Pos.
mf
Br. Vc. dim.
più p
Trä-nen und Trost zu-gleich. Auf mich blickt' er, und blitz-te auf
bestimmt
Hrn.
Str.
pp

Sl.
je-ne, als ein Schwert in Händen er schwang; das stieß er nun in der
bestimmt
Hrn.
poco cresc.
Trp.
E-sche Stamm, bis zum Heft haf-tet'es drin: dem
Breit.
Trp.
Hbl. Hr.
Hbl. Hr. Pos.
dim.
Str.
soll-te der Stahl ge-zie-men, der aus dem Stamm es zög. Der
Br.
Vc.
Ob.
Fg.
Pos.
immer p
Hr.
Män-ner al-le, so kühn sie sich müh-ten, die Wehr sich kei-ner ge-wann;
Str.
Gä-ste ka-men und Gä-ste gin-gen, die Stärk-sten zo-gen am Stahl_ kei-nen Zoll ent-wich er dem
Trp.
Pos.

Ruhig
Sl.
Stamm: dort haf-tet schweigend das Schwert. — Da
wußt ich, wer der war, der mich gram-vol- -le ge-grüßt: ich
weiß auch, wem al-lein im Stamm das Schwert er be - stimmt.
O fänd
ich ihn heut und hier, den
Str.
Hr.
più p
pp
poco cresc.
Pos.
Trp.
Btrp.
bestimmt
Sehr lebhaft
più cresc.
Pk.
Hbl.
più f
Hbl. Hr.
ff
p
cresc.
f

B. Dieser Takt soll zurückgehalten werden.
Sl.
Freund; käm er aus Fremden zur ärm-sten Frau: was
je ich ge-lit-ten in grim-mi-gem Leid, was
je mich ge-schmerzt in Schan-de und Schmach,
sü-ße-ste
Ra-che sühn-te dann al-les! Er-jagt hätt ich, was
B. Nicht eilen
Str.
Hbl.
Hbl. Hr.
poco cresc.
più cresc.

Sl.
je ich ver-lor, was je ich be-weint, wär mir ge-won-nen
poco cresc.
p
Sl.
fänd ich den hei - - - - li-gen Freund, um -
cresc.
Kl. Hr. Fg.
molto cresc.
f
Sl.
fing den Hel - - - - - - - - - - - - - - -
Ob. Hr. Trp.
più f
Sl.
- den mein Arm! 57
Sm.
Siegmund (mit Glut Sieglinde umfassend).
Dich se - - li - ge
Trp. Pos.
Str.
ff
f
mf
cresc.
Sm.
Frau hält nun der Freund, dem Waf-fe und Weib be -
f
Hbl.
cresc.
ff
Trp.
Pos.

Sm.
stimmt! Heiß in der Brust
mf Str.
brennt mir der Eid, der mich dir Ed - len ver - mählt. Was
Str.
dim. p
cresc.
Hr.
B. Niemals eilen.
je ich er - sehnt, er - sah ich in dir; in
f p
dir fand ich, was je mir ge - fehlt!
poco a poco cresc.
simile
Lit- - test du Schmach, und schmerz - te mich Leid;

Sm.
war ich ge-äch-tet, und warst du ent-ehrt:
Hbl.
Hr.
f
freu - - - - - - di-ge Ra - che ruft nun den
Fro - hen!
Auf lach' ich in hei - li - ger Lust,
Hbl. Trp.
Hr. Pos.
più f
Str.
immer f
B. Diese zwei Takte etwas anhalten.
halt ich dich Heh - ten.
mf
cresc.
B. Haupttempo
- re um-fan-gen, fühl ich dein schla - gen-des
fz p accel.
molto cresc.
f

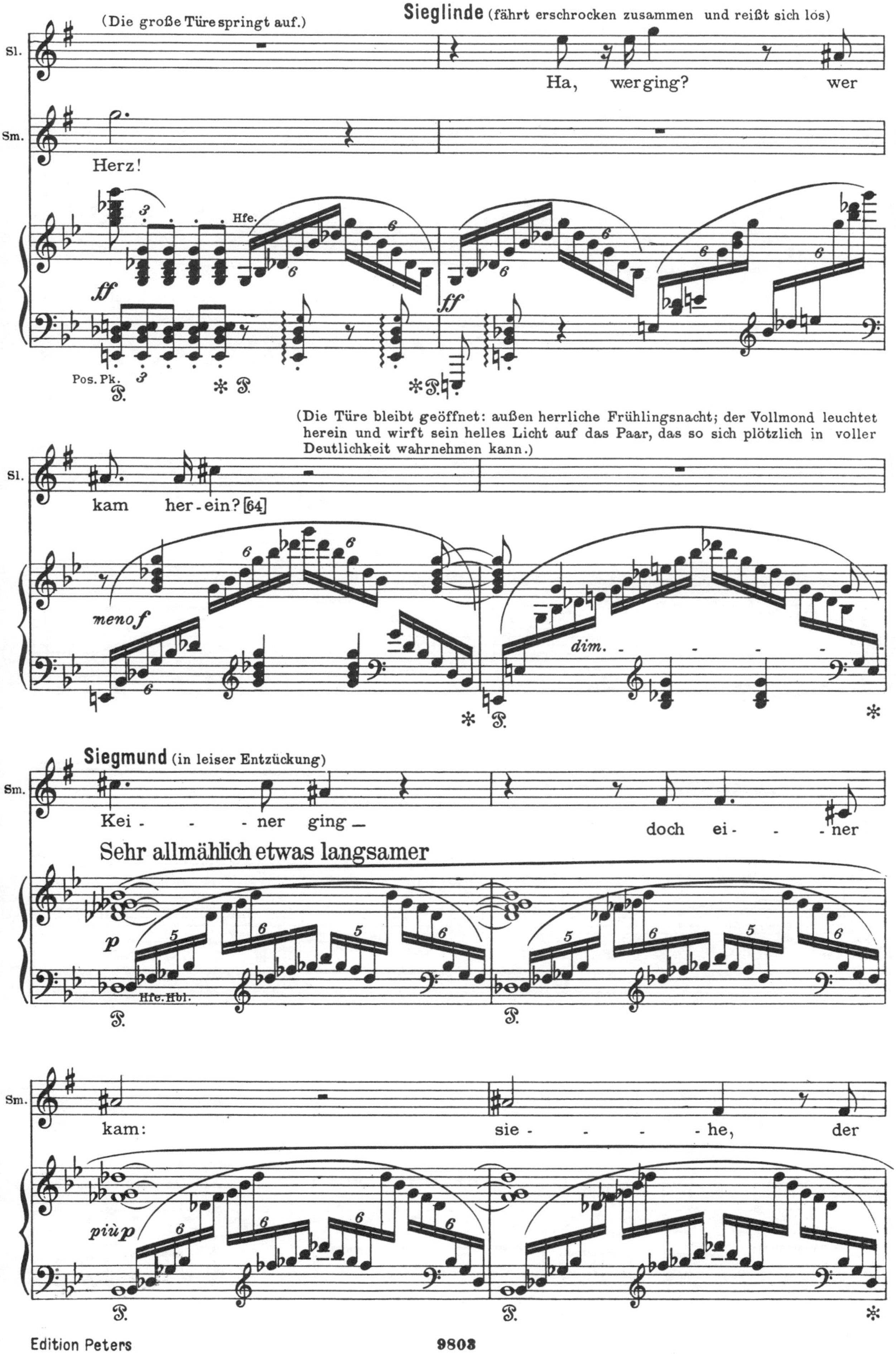
(Die große Türe springt auf.)
Sieglinde (fährt erschrocken zusammen und reißt sich los)
Sl.
Ha, wer ging? wer
Sm.
Herz!
Hfe.
ff
Pos. Pk.
(Die Türe bleibt geöffnet: außen herrliche Frühlingsnacht; der Vollmond leuchtet herein und wirft sein helles Licht auf das Paar, das so sich plötzlich in voller Deutlichkeit wahrnehmen kann.)
kam her-ein? [64]
meno f
dim.
Siegmund (in leiser Entzückung)
Kei - - ner ging —
doch ei - - - ner
Sehr allmählich etwas langsamer
p
Hfe. Hbl.
kam:
sie - - - - he, der
più p

Sm.
Lenz lacht in den Saal!
pp dolce
pp
(Siegmund zieht Sieglinde mit sanfter Gewalt zu sich auf das Lager,
Mäßig bewegt
Str. Hbl. Hfe.
pp dolce
B. Die Triolen deutlich, melodisch.
Vc.
so daß sie neben ihm zu sitzen kommt. — Wachsende Helligkeit des Mondscheines.)
B. Sehr fließendes Tempo.
Siegmund
Sm.
Win - ter-stür - me wi-chen dem Won - ne - mond, — in
Str.
pp
Sm.
mil - dem Lich - te leuch-tet der Lenz; — auf lau - en Lüf - - ten,
[lin - den]

Sm.
lind und lieb - - lich, Wun - der we - bend er sich wiegt; durch
[leicht]
Wald und Au - - en weht sein A - - tem, weit ge - öff - net lacht sein
Kl. dolce
Aug: aus sel' - ger Vög - lein San - ge süß er tönt,
Ob.
immer pp
hol - de Düf - te haucht er aus: sei - nem war - men Blut ent - blü - hen
più p
Baßkl.
pp
won - ni - ge Blu - men, Keim und Sproß entspringt sei - ner Kraft. Mit
[ent - sprießt]

Sm.
zar - ter Waf - fen Zier be - zwingt er die Welt; ___ Win - ter und Sturm wi - chen der
Hbl.
Hr. Hbl.
p
tr
star - ken Wehr: ___ wohl muß - te den tap - fern Strei - chen die
stren - ge Tü - re auch weichen, die tro - tzig und starr uns trenn - te von
cresc.
f
mf
ihm. ___
Fl. Kl.
Ob.
legato
Br.
Hfe.
cresc.
molto cresc.
Hbl.
Hr.

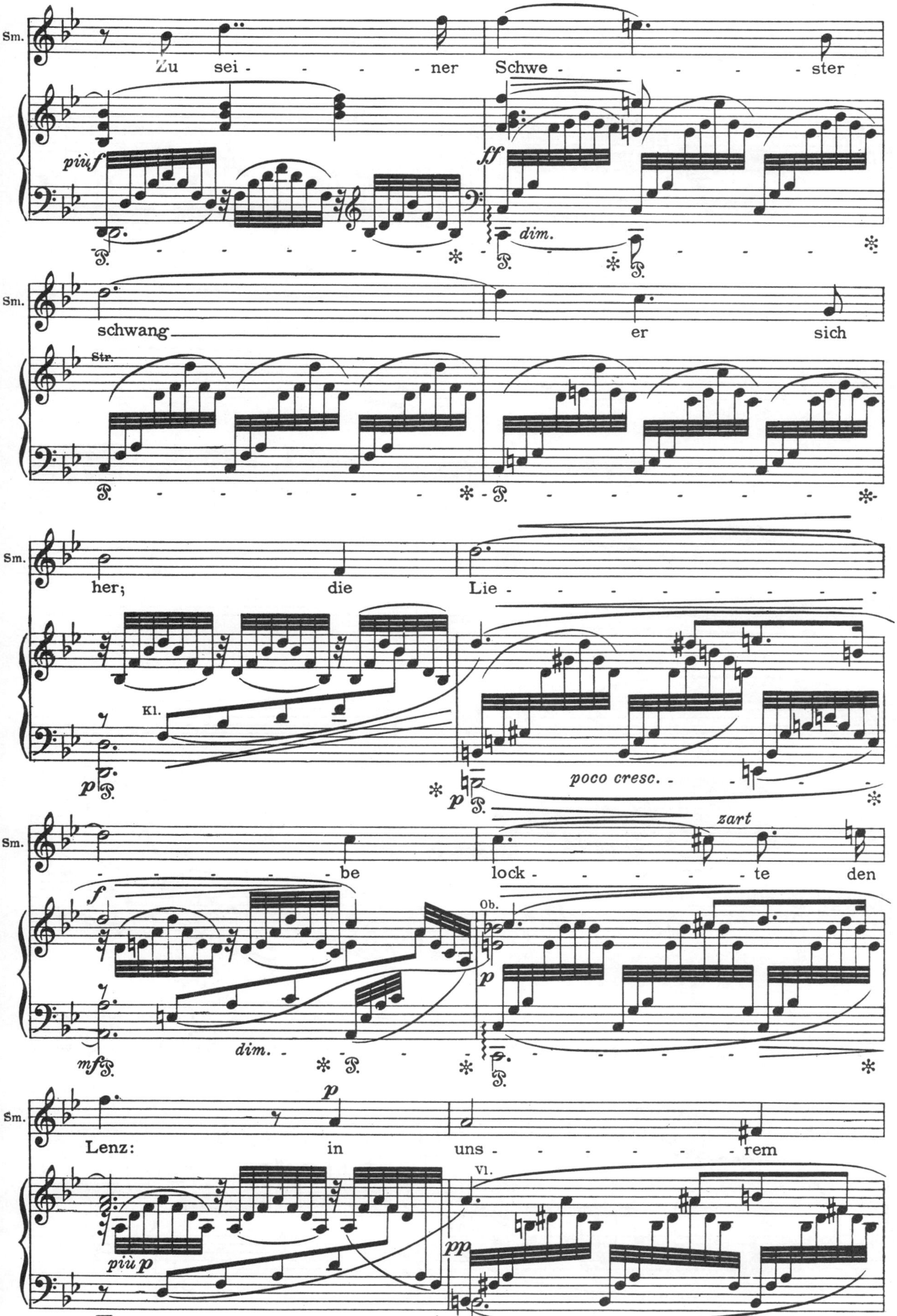
Sm.
Zu sei - - - - ner Schwe - - - - - - ster
più f
ff
dim.
schwang er sich
Str.
her; die Lie - - - - - - - - - - - - - be
Kl.
p
poco cresc.
zart
lock - - - - - - te den
f
Ob.
dim.
mf
Lenz: in uns - - - - - - - rem
p
più p
Vl.
pp

Sm.
Bu - - - - - - sen barg sie sich
pp
Sm.
tief; nun lacht sie se - - - - - -
cresc.
Sm.
- - - - - - - lig dem Licht.
Hbl. Hr.
più f
f
Hfe. Str.
Sm.
Die bräut - li-che Schwe-ster be-frei- -te der
ff
dim.
pp
Hfe. Str.

Sm.
Bru - - der; zer - trüm - mert liegt, was je sie ge -
Ob.
f
p
trennt; jauch - zend grüßt sich das
Ob.Kl.
dolce
Hr.
jun - ge Paar: ver - eint
cresc.
Hbl.
Vl.
sind
cresc.

Sm.
Lie - - - - - - - - - - - - be und
f dim.
Vc.
Lenz! [68]
B. Etwas beeilend.
Vl. Hbl. ausdrucksvoll
cresc.
p
Br.
Sieglinde
B. Von hier ab wieder breiter.
Sl.
Du bist der
Str.
Lenz nach dem ich ver-

Sl.
lang - - - - - - te in fro - - - - - - sti - gen
Hbl. Hr.
Ob.
dim.
Win - - - - - - ters Frist.
Str.
Dich grüß - - - - - - te mein
Engl. H.
Herz mit hei - - - - - li - gem
Ob. Engl H.
Ve.
Hr. Fg.
Grau'n, als dein Blick zu -
Fl.
Str.

Sl.
erst mir er - blüh - - - - - - - te.
Fremdes nur sah ich von je,
freundlos war mir das Na - - he; als hätt ich nie es ge-kannt,
war, was immer mir kam.
B. Belebter.
Doch dich kannt ich deut - - - - - lich und
più p
pp
p
Kl.
Vl.
Hbl.

Sl.
klar: als mein Au - - - - - ge dich
cresc.
sah, warst du mein Ei - - - - - - - - -
mf
gen: was im Bu - - sen ich barg,
Allmählich bewegter
dim.
p
Str.
was ich bin, hell wie der
p
Hbl. p
Tag taucht es mir auf, wie
p Hr.
cresc.

Sl.
tö - - - - nen-der Schall - schlug's an mein
Hbl.Hr.
mf
p
f
Ohr, als in fro-stig ö - - der Frem - de zu-
p Str.
erst ich den Freund er-
Hbl.
cresc.
(Sie hängt sich entzückt an seinen Hals und blickt ihm nahe ins Gesicht.)
sah.
Hbl. Hr
Str.
più f
Siegmund (mit Hingerissenheit)
Sm.
O sü - - - - ße-ste Won - - - ne!
Hr.
Engl.H.
ff
p

Sm.
se - - - lig-stes Weib!
B. Zurückhaltend.
f dim.
Vl. Fl.
Kl. Engl. H.
L.H.
mf
p
f dim.
Sieglinde (dicht an seinen Augen)
Sl.
O laß in Nä - - - he zu dir mich
B. Sehr ruhig.
Vl.
p Hbl.
p
Hr.
nei - - - gen, daß hell ich schau - - e den
p
p dolce
immer p
heh - - - - ren Schein,
B. Etwas vorwärts.
der dir
cresc.

B. Beruhigend
Sl.
aus Aug und Ant - - litz bricht, und so
Vl.
mf
süß die Sin - ne mir zwingt. [72]
Sm.
Siegmund. B. Ruhig.
Im
Kl.
dim.
Hbl.
pp
Vl.
dolce
pp
Len - - - zes - - mond
dolce
pp
leuch - - - test du hell;
immer pp

Sm.
hehr um - - webt dich das
Wel - - - - len - haar:
poco cresc.
B. Belebter.
was mich be - rückt, er -
mf
rat ich nun leicht denn won - - - nig
B. Ruhiger.
dim.
dolce
p
Hbl. Hr.
più p
(Sie schlägt ihm die Locken von der Stirn zurück und betrachtet ihn staunend.)
wei - - - - - - det mein Blick.
p
B. Sehr ruhig.
Kl. Fl.
dolce
Str.
Hr.
più p
B.

Sieglinde
Sl.
Wie dir die Stirn so of - fen steht, der A - dern Ge -
Str.
p
sehr weich
pp
Kl. Fg.
äst in den Schläfen sich schlingt!
B. Belebend.
Mir zagt es vor der Won - ne,
Kl.
poco cresc.
𝔓. simile
die mich ent - zückt! Ein Wun - der will mich ge -
f
B. Ruhig.
Hr.
sf
più p
mah - nen: den heut zu - erst ich er - schaut, mein Au - ge sah dich
B. + piano.
schon!
Siegmund
Sm.
Ein Min - ne - traum ge - mahnt auch mich: in
Hbl.
p dolce
Bkl.

m.
hei- ßem Seh- nen sah ich dich schon!
Vl.
B. Fließend.
p
Str. dim.
sehr gebunden
Sieglinde
p
Sl.
Im Bach er-blickt ich mein ei-gen Bild und jetzt ge-wahr ich es
B. Be-
più p
pp
eilend.
wie-der: wie einst dem Teich es ent-taucht, bie- test mein
poco a poco cresc.
Bild mir nun du!
Siegmund
Sm.
Du bist das
Ob.
f
Hbl.

(den Blick schnell abwendend)
Sl.
O still! laß mich der Stimme lauschen:
Sm.
Bild, das ich in mir barg.
Horn.
Sl.
riten.
a tempo
mich dünkt, ih-ren Klang hört ich als Kind doch nein! ich hör-te sie
Str.
trem.
dim.
più p
(aufgeregt)
Sl.
neu-lich, als mei-ner Stim-me Schall mir
Ob. Kl.
Hbl. Hr.
Sl.
wi-der-hallte der Wald.
Siegmund.
Sm.
O lieb-lich-ste
cresc.
più
Str.
Hbl.
dim.

(Sieglinde ihm wieder in die Augen spähend.)
Sm.
dim.
p
Lau - te, de - nen ich lau - sche!
più
ten.
Br. Vc. Kl.
pp
Sieglinde
Sl.
marc.
Dei-nes Au - ges Glut er - glänz - te mir schon: so
poco cresc.
blick - te der Greis grü - ßend auf mich, als der Trau - ri-gen
più p
pp
Str.
Trost er gab. An dem Blick er-kannt ihn sein
accel.
poco a poco cresc.
Kind schon wollt ich beim Na - men ihn nen-nen!
Str.
Hr
molto cresc.

(Sie hält inne und fährt dann leise fort.)
Sl.
Sm.
Weh-walt heißt du für - wahr?
belebt
Nicht heiß mich so, seit du mich
Tempo I
Langsamer
p Engl.H. Fg.
accel.
p
Str.
liebst: nun walt ich der hehr - sten Won - nen!
Und
Kl.
dim.
dolce
Kl.
Hr.
Str.
dim.
Langsamer
Fried-mund darfst du froh dich nicht nen-nen?
Lebhafter
Hei - ße mich du, wie du liebst, daß ich
(Nen - ne)
Langsamer
pp Str.
Kl. Fg.
p
Str.
ruhig
hei - ße: den Na - men nehm ich von dir!
Hr. dolce
dim.
p ruhig
Mäßig
p Str.

Sl.
Doch nann-test du Wol-fe den Va-ter?
Sm.
Ein Wolf war er fei-gen
f
dim.
Füchsen! Doch dem so stolz strahl-te das Au-ge, wie,
Hr.
p
poco cresc.
Herr-li-che, hehr dir es strahlt, der war: Wäl-se ge-
Pos.
p
mf
Sieglinde (außer sich)
War Wäl-se dein Va-ter,
Lebhafter
nannt.
Vl.
f
Hr.
Str.
p

B. Die Triolen nicht eilen
Sl.
und bist du ein Wäl - - sung, stieß er für dich sein
p
Schwert in den Stamm – so laß mich dich hei - - ßen,
poco cresc.
wie ich dich lie - - be:
più
(Siegmund springt auf den Stamm zu, und faßt den Schwertgriff).
Sieg-mund – so nenn ich dich! [84]
Sehr schnell
f
Hbl. Hr.
ff
Str.
Siegmund
Sm.
Sieg - - mund heiß ich und Sieg - - mund
mf
Trp. Pos.
Btrp.
mf

Sm.
bin ich! be - zeug es dies Schwert, das
p Str.
Btrp.
Sm.
zag - - los ich hal - te! Wäl - - se ver -
p
p
Sm.
hieß mir, in höch - - - - - ster Not
fp
Hr.
3
3
Sm.
fänd ich es einst: ich
Trp.
fp
molto cresc.
Sm.
faß es nun! Heilig - ster
Str.
ff
p
Str.
sf

Sm.
Min - - ne höch - ste Not, seh - nen - der Lie - be seh - ren - de Not
brennt mir hell in der Brust, drängt zu Tat und
Tod: No - - thung! No - - thung! so nenn ich dich
Schwert No - - thung! No - - thung! neid - li - cher Stahl!
Zeig dei - ner Schär - fe schnei - den - den Zahn! her - aus aus der Schei - de zu
Tb.
simile

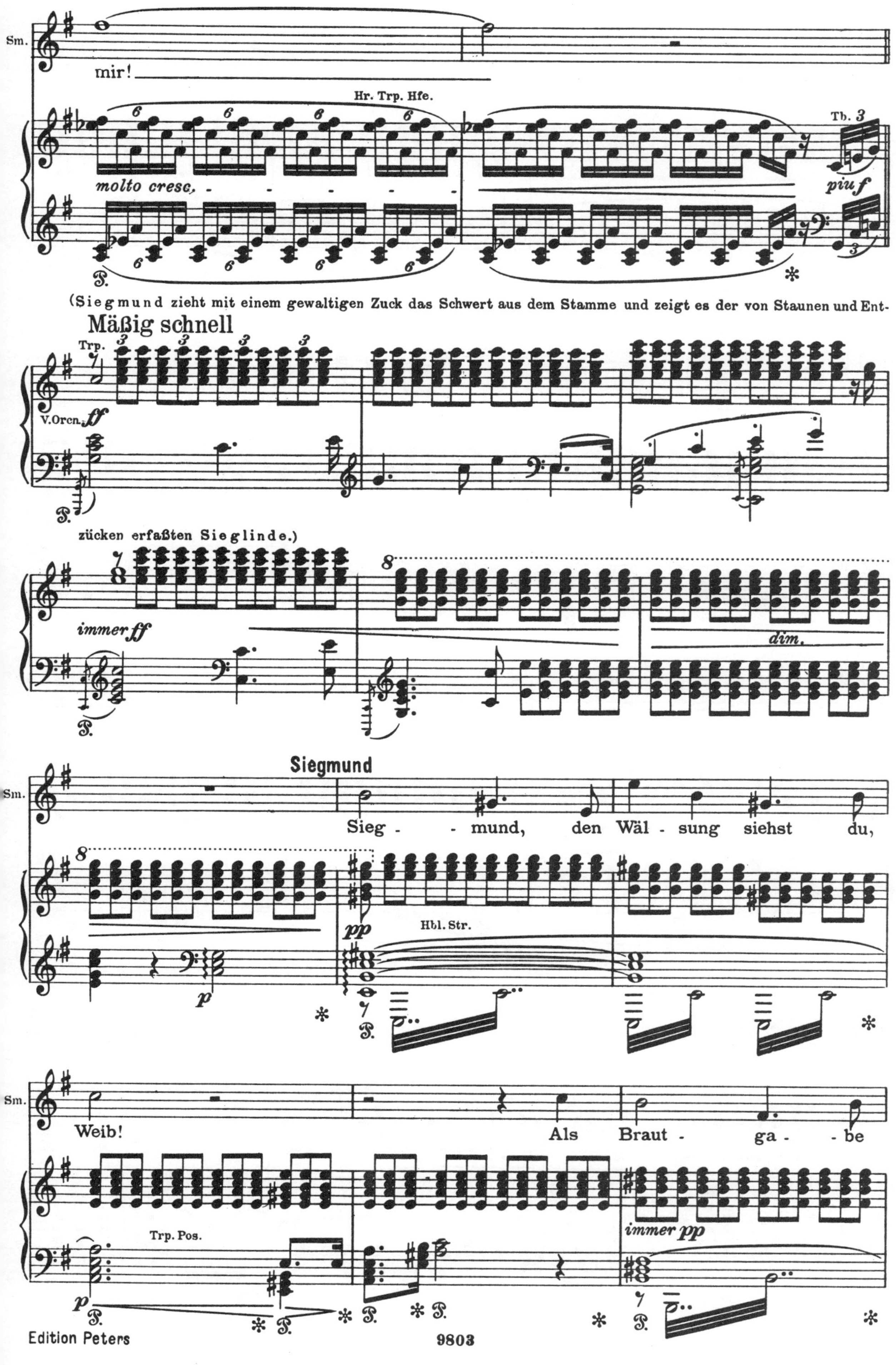
Sm.
mir!
Hr. Trp. Hfe.
molto cresc.
Tb.
più f
(Siegmund zieht mit einem gewaltigen Zuck das Schwert aus dem Stamme und zeigt es der von Staunen und Ent-
Mäßig schnell
Trp.
V.Orch. ff
zücken erfaßten Sieglinde.)
immer ff
dim.
Siegmund
Sieg - mund, den Wäl - sung siehst du,
pp
Hbl. Str.
p
Weib! Als Braut - ga - be
Trp. Pos.
immer pp

Sm.
bringt er dies Schwert: so
p
Sm.
freit er sich die se - - - lig-ste Frau;
pp
Trp. Pos.
p
Sm.
dem Fein- des-haus ent - führt er dich
Btrp. Pos.
pp
p
Sm.
so. Fern von hier
Trp.
p dolce
Hbl. Hfe.
pp

Sm.
fol - ge mir nun, fort in des
pp
p dolce marc.
Trp.
Len - zes la - chen-des Haus: dort schützt dich
sempre pp
Trp.
No - thung das Schwert, wenn
cresc.
Vc.
Sieg -
f
Hr. Vc.

Sm.
mund dir lie
dim.
dim.
p
più p
Sieglinde (reißt sich in höchster Trunkenheit von ihm los und stellt sich ihm gegenüber)
Sl.
Bist du
(Er hat sie umfaßt, um sie mit sich fort zu ziehen.)
bend er-lag!
Sehr belebt
Str. Hr. Fg.
pp
fp
cresc.
Sieg-mund, den ich hier se-he,
Sieg-
f
lin-de bin ich, die dich er-sehnt:
die
mf
p

Sl.
eig - - - - - - ne Schwester ge-wannst du zu eins mit dem
molto cresc.
f
p
Schwert! [152]
Siegmund
Sm.
Braut und Schwe - - ster
Immer schneller
Hbl.Hr.
Str
f
più f
bist du dem Bru - - - - der,
più f
(Er zieht sie mit
so blü - he denn Wäl - sun - gen = Blut! [152] Str.Hbl.
wütend
f
Btrp.
Tb.
ff
ff

wütender Glut an sich, sie sinkt mit einem Schrei an seine Brust.. Der Vorhang fällt schnell.)

Zweiter Aufzug

Vorspiel und erste Szene

dim.
Str.
meno f
più f
ff
Trp.
Str.
meno f
più f
Hbl. Hr.
Str.
ff
ff
più f
B. Beruhigend
dim.
Str.

B. Wieder vorwärts
Ob.
Fg.
Str.
p
Pk.
trem.
Ob. Fg. Kl.
Engl. H.
cresc.
simile
Vl. I. Hbl.
Trp.
Btrp.
f
più f
Trp.
Vl.
ff
Hbl. Hr. Str.
Trp.
ff
ff
V. Orch. ohne Pos.u.Tb.

Der Vorhang geht auf. — (Wildes Felsengebirg. Im Hintergrunde zieht sich von untenher eine Schlucht herauf, die auf ein erhöhtes Felsjoch mündet; von diesem senkt sich der Boden dem Vordergrunde zu wieder abwärts.)

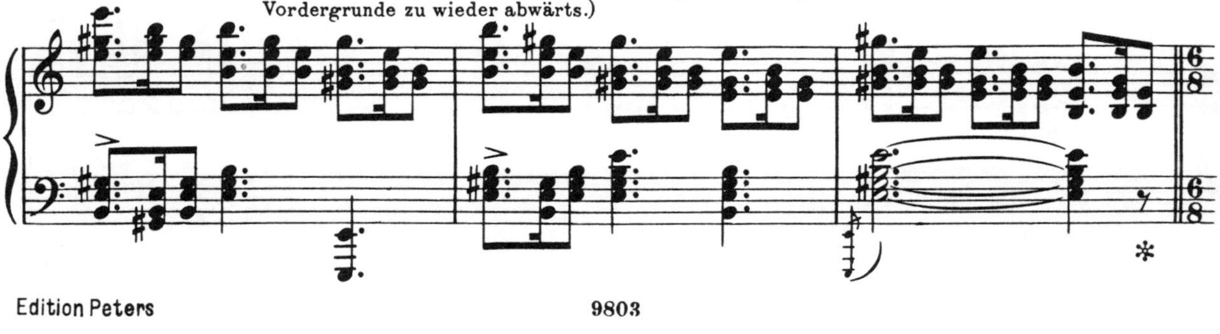

Dasselbe Zeitmaß

Wotan (kriegerisch gewaffnet, mit dem Speer; vor ihm Brünnhilde, als Walküre, ebenfalls in voller Waffenrüstung.)

B.
ha! heia - ha! ho-jo-to-ho!
p cresc.
Str.
Hbl.
f
Hbl. Hr.
ff Btrp.
mf
ho-jo-to-ho! hei-a - ha! heia - ha!
p cresc.
f
ho-jo - to - ho! ho-jo - to - ho! ho-jo - to - ho!
fp f
hojo-to - ho! hei - - - - - - - - - - - - - a -
fp Rührtrommel
cresc.
ha!
ff V. Orch. ohne Tb. u. Pos.

B.
ha!
ff
𝆮.
*
ho - jo - to - ho!
pp Pk.
(Sie hält auf einer hohen Felsenspitze an, blickt in die hintere Schlucht hinab, und ruft zu Wotan zurück.)
Dasselbe Zeitmaß (Nicht eilen!)
Str.
p
Dir rat ich, Va-ter, rü-ste dich
selbst, har-ten Sturm sollst du be - stehn.
Fri - cka naht, dei-ne
pp
Frau, im Wagen mit dem Widder-ge - - spann.
Engl. H
p ten.
ten.

B.
Hei! wie die gold - ne Gei - ßel sie schwingt! Die ar - men Tie - re
ten.
ten.
äch - zen vor Angst; wild ras - seln die Rä - der; zor - nig fährt sie zum
cresc.
Zank. In solchem Strauße streit ich nicht
più
f
p
gern, lieb ich auch mu - ti - ger Män - ner Schlacht; drum sieh wie den Sturm du be -
Hr.
mf
p
stehst: ich Lu - sti - ge laß dich im Stich!
Str.
p
cresc.
Hbl.
f

B.
Ho-jo-to-ho! ho-jo-to-ho! hei-a-ha! heia-
Hbl. Hr.
f Btrp.
p Str. cresc.
ha! ho-jo-to-ho! ho-jo-to-ho! hei-a-
Hbl.
f
Hbl. Hr.
ff Btrp. mf
ha! heia-ha! hojo-to-ho!
p cresc.
f
fp f
hojo-to-ho! hojo-to-ho! hojo-to-ho! hei-
fp f
fp Rührtrommel
(Brünnhilde verschwindet hinter der Gebirgshöhe zur Seite.)
-a-ha!
8
cresc.
ff V. Orch ohne Pos. u. Tb.
dim.

verhallend
(In einem mit zwei Widdern be-
B.
ha!
115
Btrp. Pos.
p
più p
pp cresc.
Vc. KB. Pk.
spannten Wagen langt Fricka aus der Schlucht auf dem Felsjoche an: dort hält sie rasch an und steigt aus.)
f
Str.
(Fricka schreitet heftig in den Vordergrund auf Wotan zu.)
Sehr bewegt
Str.
Hbl.
p
cresc.
Hr.
ff
Wotan (Fricka auf sich zuschreiten sehend, für sich).
W.
zurückhaltend
Der al - te Sturm, die al - te Müh! Doch Stand muß ich hier halten!
Etwas breit
dim.
p
Str. p
Ob. Engl. H. Br.
Kl. Fg. Hr.
trem.
Fricka (je näher sie kommt, mäßigt sie den Schritt, und stellt sich mit Würde vor Wotan hin).
B. Dieser Dialog darf nie geschleppt werden, sondern muß fließend gehalten bleiben.
F.
Wo in Bergen du dich birgst, der Gat-tin Blick zu ent-
cresc.
f
dim.
p Str.

F.
gehn, einsam hier such ich dich auf, daß Hül - fe du mir ver - hießest.
W.
Wotan.
Was
Fricka kümmert, künde sie frei.
Hr. Fg.
Ich ver- nahm Hundings Not, um
Rache rief er mich an: der E - he Hü - terin hör-te ihn, verhieß
cresc.
dim.
Str.
Ob. Engl. H.
Hr. Fg.
streng zu strafen die Tat des frech frevelnden Paars, das kühn den Gatten gekränkt.
Was so
Str.
dim.

W.
Schlimmes schuf das Paar, das lie-bend ein-te der Lenz? Der Min-ne Zauber ent-
Vc.
p dolce
Br. Vc.
p
Fricka
F.
Wie tö-rig und taub du dich stellst, als
W.
zück-te sie: wer büßt mir der Min-ne Macht?
dim.
p
Str.
f
p
F.
wüßtest fürwahr du nicht, daß um der E - he hei-li-gen Eid, den hart gekränkten, ich
Engl. H. Hr. Fg.
cresc.
f
Str.
p
dim.
F.
kla - - ge!
Wotan.
W.
Un-hei-lig acht ich den Eid, der Un-lie-bende
p
f
f
f
Pos. Kl.
Hr. Fg.
dim.
Str.
f dim.

W.
eint; und mir wahrlich mute nicht zu, daß mit Zwang ich halte, was dir nicht haftet: denn wo
p
p
B.
p
W.
kühn Kräf - te sich re - gen, da rat ich of-fen zum Krieg.
Horn.
Schnell
p Pos.
cresc.
f
Str. f
Fricka
F.
Achtest du rühmlich der E - he Bruch, so prah - le nun wei - ter und preis es hei - lig, daß
Mäßig
p
p
cresc.
cresc.
F.
Blut - schan - de ent - blüht dem Bund ei - nes Zwil - lingspaars! Mir schaudert das Herz, es
Ob. Engl. H.
ff trem.
dim.
Str.
p
cresc.
fp
F.
schwin - delt mein Hirn: bräut - lich umfing die Schwe - ster den Bru - - -
più p
pp
cresc.
ff Ob. Engl. H. Hr

F.
breiter
der! Wann ward es er-lebt, daß leiblich Geschwister sich lieb - ten?
Str.
ff
mf
cresc.
ff
W.
Wotan
Mäßig langsam
Heut hast du's er - lebt! Er-
Vl.
Vc.
f
dim.
Vc. Br. KB.
p dolce
p
fah-re so, was von selbst sich fügt, sei zuvor auch noch nie es ge-schehn. Daß je - ne sich
p
lieben, leuchtet dir hell; drum höre red-lichen Rat: soll sü - ße Lust deinen
p
cresc.
Se - gen dir lohnen, so seg-ne, la-chend der Lie - be, Siegmunds und Sieglin - des
p Hr.
Hr.
p dolce

Fricka (in höchste Entrüstung ausbrechend)
F.
W.
So ist es denn aus mit den
Bund! [106]
Sehr lebhaft
Vl.
Str.
Br. Vc. p
cresc.
ff
Hbl. Hr.
e- - wi-gen Göt-tern, seit du die wil - den Wäl-sungen zeugtest?
dim.
p
Str.
f
Heraus sagt ich's; traf ich den Sinn?
Nichts gilt dir der
f
Hehren hei - li - ge Sip-pe!
Hin wirfst du al-les, was einst du ge-
mf
achtet, zerreißest die Ban-de, die selbst du ge-bunden, lö-sest lachend des Himmels
più f

zögernd
Haft.
Daß nach Lust und Laune nur wal-te dies
Trp.
ff
p Str.
p Str.
fre-veln-de Zwil - lingspaar, deiner Un-treu-e zucht-lo-se Frucht.
più p
p cresc.
Vc.
O, was klag ich um E-he und
Vl.
Fl. Ob.
Kl.
dim.
Eid, da zu-erst du selbst sie ver-sehrt! Die treu-e
sf
Gat-tin tro-gest du stets; wo ei-ne Tie-fe, wo ei-ne
cresc.

F.
Hö - he, da-hin lug - - te lü - stern dein Blick, wie des
p dolce
Fl.
p
F.
Wech - sels Lust du ge - wän-nest, und höh - nend kränk - test mein
F.
Herz. Trau - - ernden
Vl.
Fl. Kl.
cresc.
f
dim.
F.
Sin - nes mußt ich's er - tra - gen, zogst du zur Schlacht mit den schlim - men
p
più p
p Trp.
F.
Mäd - chen, die wil - der Min - ne Bund dir ge - bar: denn dein
p

F.
Weib noch scheutest du so, daß der Walküren Schar, und Brünnhilde selbst, deines Wunsches
p Str.
F.
Braut, in Ge - hor-sam der Her-rin du gabst. Doch jetzt, da dir neu - e
Str.
p
fp
p Fg. Bkl.
F.
Na - men ge-fie - len, als „Wäl - se“ wöl-fisch im
p
F.
Wal - de du schweiftest, jetzt, da zu nied - rig-ster Schmach du dich neig-test, ge-
p
F.
mei - ner Men - schen ein Paar zu erzeu - gen: jetzt dem Wur - fe der
p
p
cresc.

F.
Wöl - - - - fin wirfst du zu Fü - ßen dein
Weib!
f Str. Hbl. Hr.
più f
ff Trp.
So führ es denn aus! Fül - le das Maß!
f Str.
f
Die Be - trog - ne laß auch zer - tre - ten! [107]
Hbl. Hr.
ff
ff
V. Orch. ohne Pos. u. Tb.
ff
Str.
ff
dim.

Wotan.
ruhig
Nichts lerntest du, wollt ich dich lehren, was nie du erkennen kannst, eh dir er-tag-te die
Etwas langsamer
Tat. Stets-gewohntes nur magst du verstehn: doch was noch nie sich traf, da-
nach trach - tet mein Sinn. Eines hö-re! Not tut ein Held, der,
ledig göttlichen Schutzes, sich lö-se vom Götter-ge - setz. So nur taugt er zu wirken die Tat,
die, wie not sie den Göt - tern, dem Gott doch zu wir - ken ver-wehrt.
Str. Btrp. Pos.
Str.
trem.
Btrp.
Br. Vc.
Btrp. Pos.
B.
Kl. Fg.
gemessen
Br.
Hr.
B. Fg.
trem.

Fricka
F.
Mit tie - fem Sin - ne willst du mich täu-schen: was
pp Str.
cresc.
Hehres soll-ten Hel - den je wir - ken, das ihren Göt-tern wä - re ver - wehrt, de-ren
fp
p
p
Gunst in ih - nen nur wirkt? Wer
Wotan
W.
Ih-res eig - nen Mu-tes ach - test du nicht?
p Pos.
f Str.
mf
hauch-te Menschen ihn ein? Wer hell - te den Blö - den den Blick? In dei-nem
cresc.
f
Schutz schei-nen sie stark; durch dei - nen Sta - chel stre - ben sie auf: du
Str.
p
cresc.

Lebhaft
F.
reizest sie ein-zig, die so mir Ew'gen du rühmst.
Mit neu-er List willst du mich be-
mf
f
lü-gen, durch neu-e Rän-ke jetzt mir ent-rin-nen, doch die-sen Wäl-sung gewinnst du dir
p
f
nicht;' in ihm treff ich nur dich, denn durch dich trotzt er al-lein.
Wotan
W.
In wil-dem
ff
p
cresc.
Ob.Hr.
ff
Kl. Engl. H. Fg. Br.
Leiden erwuchs er sich selbst: mein Schutz schirm-te ihn nie.
ergriffen
So
6
f Str.
p B.

F.
W.
schütz auch heut ihn nicht!
Nimm ihm das Schwert, das du ihm geschenkt.
Ja, das
Das Schwert?
tremolo
Str. f
f dim.
Trp.
p
trem.
Schwert, das zauberstark zuckende Schwert, das du Gott dem Sohne gabst!
heftig
Siegmund gewann es sich
Hbl. Hr.
poco cresc.
f
(Wotan drückt in seiner ganzen Haltung von hier an einen immer wachsenden unheimlichen, tiefen Unmut aus.)
Fricka (eifrig fortfahrend)
(mit unterdrücktem Beben.)
selbst in der Not.
112
Du schufst ihm die Not, wie das neid-li-che Schwert.
Ein wenig mehr belebend
Fg.
KB.
Bkl.
sf
p
pp
Willst du mich täuschen, die Tag und Nacht auf den Fersen dir folgt?
Für ihn
Vc.
sf
p

F.
stießest du das Schwert in den Stamm, du ver-hießest ihm die heh-re Wehr: willst du es
Vl. Br. (pizz.) p
sf Vc.
p
(Wotan fährt mit einer grimmigen Gebärde auf.)
leugnen, daß nur dei-ne List ihn lock-te, wo er es fänd?
Hr. Fg.
cresc.
Str.
f
Ob.
(Fricka immer sicherer, da sie den Eindruck
Mit Un- -frei - en
Hr. Fg. Bkl.
sf
Str.
p
dim.
p
gewahrt, den sie auf Wotan hervorgebracht hat.)
strei - tet kein Ed- - ler, den Frev- - - ler
p
f
straft nur der Frei- - e. Wider deine Kraft führt ich wohl
p
p
f

F.
Krieg: doch Sieg-mund ver-fiel mir als
Hbl. Hr.
p
f
ff
ff
(Neue heftige Gebärde Wotans, dann Versinken in das Gefühl seiner Ohnmacht.)
Knecht.
Heftig
ff Hbl. Hr. Trp. Str.
dim.
Str.
p
Fricka
Der dir als Her-ren hö-rig und ei-gen, ge-
p
hor-chen soll ihm dein e-wig Gemahl? Soll mich in
p
Engl. H.
Fg.

F.
Schmach der Nied - rig - ste schmä - hen, dem Frechen zum Sporn, dem
Ob.
cresc.
Frei - en zum Spott? Das kann mein Gat - te nicht wol - len, die
Hbl. Hr.
Str.
Hbl.
Hr.
Göt - tin ent - weiht er nicht so!
Bl.
B.
Langsamer
Bl.
Str.
dim.
Laß von dem Wälsung!
Wotan (finster)
W.
Was verlangst du?
Lebhafter
Langsamer
Hbl.
Hr.
B.
dim.

F.
W.
(mit gedämpfter Stimme.)
p
Er geh seines Wegs.
Doch du schütze ihn
Etwas lebhafter
>p
Str.
fp
nicht, wenn zur Schlacht ihn der Rä - cher ruft!
belebter
Sieh mir ins
p
Ich _ schütze ihn nicht.
Langsamer
Belebter
p cresc.
f
Fg. Bkl.
sf
dim
p
Str. (pizz.)
dim.
Au - ge; sin - ne nicht Trug: die Wal - kü - re wend auch von ihm!
(Bogen)
cresc.
Langsamer
Lebhafter
Nicht doch; deinen Willen voll-
Die Wal - kü - re wal - te frei.
Br. Fg. Bkl.
Str. (pizz.)
(Bogen)
sf
fp
dim.

F.
bringt sie al - lein: ver - bie - te ihr Siegmunds Sieg!
Immer belebter
Vc. Fg. Bkl.
cresc.
sf
KB. Fg.
trem.
8va bassa
Wotan (in heftigen inneren Kampf ausbrechend).
W.
Ich kann ihn nicht
accel.
Kl.
Hr.
p cresc.
fäl - - - len, er fand mein Schwert.
Btrp.
mf
Fricka
Ent - zieh dem den Zau - ber, zer -
knick es dem Knecht! Schutzlos schau ihn der
Hbl.
Hr.
Str.

Brünnhilde
B.
Heiaha!
heiaha!
(Man vernimmt Brünnhildes Ruf von der Höhe her.)
F.
Feind!
p
cresc.
Ho - jo - to - ho!
dim.
Fricka
Dort kommt dei-ne küh - ne Maid; jauch-zend jagt sie da -
p
her.
Heiaha!
heiaha!
Wotan. (dumpf für sich).
W.
Ich rief sie für
cresc.

B.
hojo-ho - - - - - - - - - -to-jo ho - to-jo -
W.
Sieg - - mund zu Roß! [118]
(Brünnhilde erscheint mit ihrem Roß auf dem Felsenpfade rechts.)
ha!
cresc.
(Als sie Fricka gewahrt, bricht sie schnell ab, und geleitet ihr Roß still und langsam während des Folgenden den Felsweg herab: dort birgt sie es dann in eine Höhle.)
[119]
Vl.I.
Vl.II.
rall.
dim.
Br.
Mäßiges Zeitmaß
Str.
Vc.
Fricka
Ruhig, aber fließend
Dei - ner ew'- - gen Gat - tin hei - li-ge Eh - re be-

F.
schir - - me heut ihr Schild! Von Men - schen ver - lacht, ver -
lu - - stig der Macht, gin - gen wir Göt - ter zu Grund: wür - de
heut nicht hehr und herr - - lich mein Recht ge - rächt von der mu - - ti - gen
Maid.
B. Etwas zurückhaltend
Breit
Str.
Hbl. Hr. Pos. Pk.
Hbl. Hr.
Der Wäl - sung fällt mei - ner Eh -
re:
Pos.
Empfah ich von Wotan den Eid?
Vc. KB.

Wotan
(in furchtbarem Unmut und innerem Grimme auf einen Felsensitz sich werfend.) (Fricka schreitet dem Hintergrun-
W.
Nimm den Eid!
>p
Br.
Kl.
Fg.
p
Vl.II.
Vl.I.
de zu: dort begegnet sie Brünnhilde, und hält einen Augenblick vor ihr an.)
Fricka
F.
Heer- va-ter
cresc.
f
Hr.
Hbl. Hr.
f>
p
(Sie besteigt den Wagen und fährt schnell davon.)
F.
har-ret dein: laß ihn dir kün-den, wie das Los er ge-kiest.
p Str.
p Pk. KB. Tb.
(Brünnhilde tritt mit besorgter Miene verwundert vor Wotan, der auf dem Felssitze
Pos.
p
più p Tb.
p
più p
Vc. Fg. Bkl.
sf
zurückgelehnt, das Haupt auf die Hand gestützt, in finsteres Brüten versunken ist.)
dim.

Zweite Szene

Wotan
O
hei - li - ge Schmach!
Fg. Vc.
Trp.
O
schmäh - li - cher Harm!
Hr. Fg. Bkl. Vc.
molto cresc.
Vl. II.
Göt - ternot!
Göt - ternot!
End -
V. Orch.
più f
sempre
8va bassa

W.
- lo - ser Grimm! E - wi - ger Gram!
Vl.
Hr.
Trp.
cresc.
molto
ff V. Orch.
etwas zurückhaltend
Der Trau - rigste bin ich von al - len!
molto cresc.
fff rall. e dim.
Tben.
p
Str.
Brünnhilde (wirft erschrocken Schild, Speer und Helm von sich, und läßt sich mit besorgter Zutraulichkeit zu seinen Füßen nieder).
B.
Lebhaft
Va - ter! Va - ter! Sa - ge, was ist dir? Was er-
cresc.
f
rallent.
Mäßig langsam
schreckst du mit Sorge dein Kind! Vertrau - e mir! Ich bin dir treu: Sieh, Brünnhil - de bit - tet.
dim.
Hr.
pp
Bkl.
(Sie legt traulich und ängstlich Haupt und Hände ihm auf Knie und Schoß. Wotan blickt ihr lange in das Auge; dann streichelt er ihr mit unwillkürlicher Zärtlichkeit die Locken. Wie aus tiefem Sinnen zu sich kommend, beginnt er endlich.)
più p

pp
pp
ppp
Brünnhilde (ihm ebenso leise erwidernd).
B. Alles ganz tonlos, geflüstert.
Zu Wo-tans
Wotan. (sehr leise)
Laß ich's ver-lau-ten, lös ich dann nicht meines Wil-lens hal - tenden Haft?
Wil-len sprichst du, sagst du mir, was du willst; wer bin ich, wär ich dein Wil-le nicht? [127]
Hr.
pp
Wotan. (sehr leise)
Was kei-nem in Wor-ten ich
p dolce
più p
Pos.
pp
pp
kün-de, un - aus - ge - sprochen bleib es denn e - wig: mit mir nur
pp

W.
rat ich, red ich zu dir.
Noch langsamer.
Vc.KB.
pp
KBT.
pp
pp
(mit noch gedämpfterer schauerlicher Stimme, während er Brünnhilde unverwandt in das Auge blickt.)
Als junger Lie-be Lust mir verblich, verlangte nach Macht mein Mut: von jäher Wünsche
streng im Zeitmaß.
KB.
Wüten gejagt, gewann ich mir die Welt. Unwissend trug voll, Untreu-e übt ich, band durch Ver-
Vc. KB.
pp
trä-ge, was Unheil barg: li-stig ver-lock-te mich Lo-ge, der schweifend nun verschwand.
pp
ten.
Tb.
pp
Vc.
p
Von der Liebe doch mocht ich nicht lassen; in der Macht verlangt ich nach Minne.
p
pp

W.
pp
p
Den Nacht gebar, der bange Nibelung, Al-berich, brach ihren Bund; er fluch-te der Lieb, und ge-
pp Pos. KBT.
p
p Vc. KB.
wann durch den Fluch des Rheines glänzendes Gold, und mit ihm maß-lo-se Macht.
Fg.
Pos.
pp
Den Ring, den er schuf, ent-riß ich ihm listig; doch nicht dem Rhein gab ich ihn zurück: mit ihm be-
Vc. KB.
zahlt ich Wal-halls Zinnen, der Burg, die Rie-sen mir bauten, aus der ich der
B. Etwas breit
Tb.
Btrp.
Welt nun gebot.
Die al-les weiß, was ein-sten war, Er-da, die
B. Wieder fließender.
Br. Kl.

W.
weihlich wei-seste Wa-la, riet mir ab von dem Ring, warnte vor e-wi-gem En-de.
Pos. pp
etwas heftiger
zurückhaltend
belebend
Von dem Ende wollt ich mehr noch wissen; doch schweigend entschwand mir das Weib. — Da ver-
Vc. Fg.
sf
Vc. KB.
p
Bkl.
pp
lor ich den leich-ten Mut, zu wis-sen be-gehrt es den Gott: in den
Schoß der Welt schwang ich mich hin-ab, mit Lie-beszau-ber zwang ich die Wa-la,
p cresc.
Kl. Br.
rall.
stört ih-res Wis-sens Stolz, daß sie Re-de nun mir stand. Kun-de empfing ich von
più p
rall. e dim.
p Pos.

W.
ihr; von mir doch barg sie ein Pfand: der Welt wei-se-stes Weib gebar mir,
più p
B.
pp
Ein wenig bewegter
Brünn-hil-de, dich. Mit acht Schwestern zog ich dich auf; durch euch
Horn
p
pp dolce
Vc.
KB.
Fg.
Pk. Pos.
pp
Wal-kü-ren wollt ich wenden, was mir die Wa-la zu fürchten schuf: ein
sich belebend
schmähliches En-de der Ew'gen. Daß stark zum Streit uns fände der Feind,
Bkl. Fg.
Pos.
Hr.
ließ ich euch Hel-den mir schaffen: die herrisch wir sonst in Ge-setzen hiel-ten, die
Str.
Fg.

W.
Män-ner, de-nen den Mut wir gewehrt, die durch trü-ber Ver-trä-ge trügende Bande zu
cresc.
blin-dem Ge-hor-sam wir uns ge-bun-den, die soll-tet zu Sturm und
immer belebter, doch
Pos.
pp
p
Hr.
mit gemäßigter Stärke
Streit ihr nun stacheln, ihre Kraft rei-zen zu rau-hem Krieg, daß kühner Käm-pfer
Btrp.
poco cresc.
Brünnhilde
B.
Deinen Saal
Scha-ren ich sammle in Wal-halls Saal!
Pos.
pp
Trp.
füll-ten wir weid-lich: vie-le schon führt ich dir zu. Was macht dir nun
Hr.
più p
pp

B.
W.
Sor-ge, da nie wir ge - säumt? [134]
Wotan wieder gedämpfter
Wieder etwas langsamer
Ein andres ist's: ach-te es
Kl. Fg.
p
più p
pp
Br. Vc.
Br. Vc. KB.
wohl, wes mich die Wa - la ge - - warnt! Durch Al-berichs Heer droht uns das En - -
Fg. Bkl.
Pos.
più p
Pk.
belebend
de: mit nei - - dischem Grimm grollt mir der Nib - lung: doch scheu ich nun
Vc. Pk. Pos.
ten.
B. Fg.
nicht sei-ne näch-ti-gen Scha-ren, meine Hel-den schü-fen mir Sieg.
cresc.
Then. Pos.
Vc. B.
gedämpfter
noch gedämpfter
Nur wenn je den Ring zurück er ge-wän-ne, dann wä-re Wal - hall ver-
Tb.
Pos.

W.
lo-ren: der der Lie-be fluchte, er al-lein nütz-te nei-disch des Ringes Ru-nen zu al-ler
ppp trem.
Br. Vc. B.
Edlen end-loser Schmach; der Hel-den Mut entwendet' er mir, die Kühnen sel-ber zwäng er zum
belebend
p Pos.
cresc.
Kampf, mit ih-rer Kraft bekrieg-te er mich. Sor-gend sann ich nun selbst, den
rit. gedämpft
Kl.
Fg.
mf
rall.
dim.
p
Ring dem Feind zu ent-rei-ßen. Der Riesen ei-ner, denen ich einst mit verfluchtem
gedämpft
cresc.
p Tb. Pken.
Gold den Fleiß ver-galt: Faf-ner hü-tet den Hort, um den er den

W.
Bru - der ge - fällt. Ihm müßt ich den Reif ent - rin - gen, den selbst als Zoll ich ihm
p
pp
zahl - te. Doch mit dem ich ver - trug, ihn darf ich nicht tref - fen; macht - los vor
Vc. KB.
pp stacc.
ihm er - lä - ge mein Mut: das sind die Ban - de, die mich bin - den: der durch Ver -
(bitter)
Pos.
poco cresc.
fp
sf
p
B.
trä - - - ge ich Herr, den Ver - trä - gen bin ich nun Knecht.
Etwas belebter
Pos.
p Pos. KBT.
sf
p
pp Str.
Nur ei - ner könnte, was ich nicht
Btrp.
pp marcato
p

mit wachsender Wärme
W.
darf: ein Held, dem hel - fend nie ich mich neig - te, der
Str.
p Fg. Vc.
fremd dem Got - te, frei sei-ner Gunst, un - be-wußt, oh - ne Geheiß, aus
eig - ner Not, mit der eig - nen Wehr schü-fe die Tat, die ich scheu - en muß, die
poco cresc.
p
più p
pp
nie mein Rat ihm riet, wünscht sie auch ein - - zig mein Wunsch!
Immer etwas bewegter.
p Fg. Vc.
sf
Der, ent-ge - - - gen dem Gott,
p Pos.
sf

W.
für mich föch - te, den freund-li - chen Feind, wie fän - de ich
poco cresc.
W.
ihn? Wie schüf ich den Frei - en, den nie ich schirm - te der im eig - - nen
dim.
p
poco rit.
a tempo
W.
Tro - tze der trau - - teste mir? Wie macht ich den
poco rit.
a tempo
p
pp
p
Hr. Fg. Vc.
sf
sf
W.
and - - ren, der nicht mehr ich, und aus sich wirk - - te, was ich nur
poco cresc.
sf
sf
W.
will? O, gött - - - - li - che Not!
Ob. Pos. Hr.
f
mf
f
mf

W.
Gräß - - - - li-che Schmach! Zum E - - - - -
kel find ich e-wig nur mich in al-lem, was ich er-wir - - ke; das and - -
- - re, das ich er-seh - ne, das and - - - re er-seh — ich
nie: denn selbst muß der Frei - e sich schaffen;
Knech-te erknet ich mir nur.
accelerando
f
mf
ff
p
molto cresc.
cresc.
Str.
Fg.
Hr.
Ob. Kl. Hr.
Pos.
B.
Hbl. Hr. Pos.

Brünnhilde
rallent.
B.
Doch der Wäl-sung,
Hbl. Trp.
Ob.
Kl.
Vl. Fg.
ff
dimin. e rallent.
Etwas zurückgehalten
Siegmund? wirkt er nicht selbst?
Wotan.
W.
Wild durchschweift ich mit ihm die Wälder;
rall.
Hr.
Eng. H.
Hr.
p
Ve.
KB. Fag.
ge-gen der Göt-ter Rat reiz-te kühn ich ihn auf: ge-gen der Göt-ter
Str.
f
Ra-che schützt ihn nun einzig das Schwert, das ei-nes Got-tes Gunst ihm be-
gedehnt und bitter
Btrp.
sf
schied. Wie wollt ich li-stig selbst mich be-lü-gen?
(nicht schnell)
Str.
p

W.
So leicht ja entfrug mir Fricka den Trug: zu tief-ster Scham durch-schau-te sie mich!
Eng. H. Bkl.
p
p
Brünnhilde
B.
So nimmst du von Sieg - mund den
W.
rasch
Ihrem Willen muß ich ge - währen.
Schnell
KB.
Br. Vc.
f
Pos.
p
sf
p
p
sf
Pken.
8a bassa
Sieg? [141]
Ich be - rühr - - te Al - - be-richs
cresc.
sfp
Hr. Fg. Bkl.
Kl. Fg.
KB.
Pk.
Ring, gie - - rig hielt ich das Gold!
Vl. pizz.
Becken
Hbl. Hr.
Vl. pizz.
Triangel
fp
fp
fp
Cresc.

W.
Der Fluch, den ich floh,
Hbl. Hr.
cresc.
ffp
nicht flieht er nun mich:
Btrp. Pos.
ausdrucksvoll
ffp
f
Was ich lie - be, muß ich ver-
ffp
Tb.
Eng. H. Hr. Btrp. Pos.
las - sen, mor - den, wen
f
ffp
Tb.
je ich min - ne,
Trp.
più f
Pos.

W.
rall.
a tempo
(Wotans Gebärde geht aus dem Ausdruck des furcht-
trügend ver-ra-ten,wermir traut!
Tb.
Pos.
p
cresc.
ff
Pk.
barsten Schmerzes zu dem der Verzweiflung über.)
accel.
Trp.
cresc.
Wotan
Fah - re denn hin,
her - - - - rische
Tben.
V. Orch. ohne Tben
Str. u. Hr.
fp
Pracht,
gött - - - - - li-chen Prun - - - - kes
V. Orch.
prah - - - - len-de Schmach!
Zu - sam - men-bre - - -

W.
- - che, was ich ge - baut!
fp
Fg. Bkl.
cresc.
Trp.
Auf geb ich mein Werk; nur
ei - - - - - - nes will ich noch: das En - - de, das
B. Lange Pause
ff
V. Orch. ohne Tben.
Hr. Fg.
V. Orch.
8a bassa
Langsam
(Er hält sinnend ein.)
En - - de! Und für das En-de sorgt Alberich;
Br. Vc. Pos.
Br. Vc.
Trp.
Fg.
pp Tb. Pk.
Tb.
Pk.
jetzt ver-steh ich den stummen Sinn des wil-den Wor-tes der Wa-la:
più p
Vc.

W.
„Wenn der Lie - be finst - rer Feind zür - nend zeugt ei - nen Sohn, der Sel'- gen En - de säumt dann nicht."
Vom Nib-lung jüngst ver - nahm ich die Mähr, daß ein Weib der Zwerg bewältigt, deß Gunst Gold ihm erzwang: des Has - ses Frucht
Kl.
Hr. gestopft
più p
cresc.
f dim.
Kl. Hr. Fg.
Btrp.
dim.
Br. Vc. pp trem.
Kl. Fg. Bkl.
E.H.
Vc.

W.
hegt ei - ne Frau; des Nei - - des Kraft
p
sf
f
kreißt ihr im Schoß; das Wun - - der ge - lang dem Lie - -
p
cresc.
sf
ff Hbl. Hr. Vc.
- be - lo - sen; doch der in Lieb ich frei - te, den Freien er-lang ich mir
ff
f
f p
(Mit bittrem Grimm sich aufrichtend.)
nicht. So
Sehr breit
p Pos. Trp. Tub.
Becken
cresc.
nimm meinen Se - - gen, Nib - - - lun-gen Sohn! Was tief mich
ff
Btrp. ff
dim.
p
più p
Pk.

W.
e-keit, dir geb ich's zum Er - - - be, der
Pos. Trp.
pp
p
cresc.
Becken
W.
Gott - - - - heit nich - - - ti-gen Glanz: zer-
ff
ff
dim.
p
più p
Btrp.
Pk.
W.
na-ge ihn gie - - rig dein Neid!
Etwas lebhafter
Hbl. Hr.
pp
p
Str.
p
cresc.
f
più f
B.
Fg.
Brünnhilde
erschrocken
B.
O sag! künde, was soll nun dein Kind?
ff
ff
dim.
Str.
p
Fg.
Wotan
bitter
W.
p
Fromm strei-te fur Fri-cka;
più p
Bkl.
p
Ob. Kl. Eng. H. Pos.

trocken
W.
hü-te ihr Eh und Eid! Was sie er-kor, das kiese auch ich: was frommte mir eig-ner
p Str.(pizz.) (Bogen) p
p
fp
Wil-le? Einen Frei-en kann ich nicht wollen: für Fri-ckas Knechte kämpfe nun du!
pp
f
ff
dim.
Brünnhilde
B.
Etwas bewegt
Weh! nimm reu-ig zu-rück das Wort! Du liebst
Str.
p
mf
p
Sieg-mund; dir zu Lieb, ich
weiß es, schütz ich den Wäl-sung. [144]
Wotan
Fäl-len sollst du
p
sf
p
Vc. Fg.
fp

W.
Sieg - mund, für Hun - ding er - fech - ten den
Sieg! Hü - te dich wohl, und
Pos.
hal - te dich stark, all dei - ne Kühn-heit ent - bie - te im
Kampf: ein Sieg - schwert schwingt
Trp.
cresc.
Sieg - mund; schwerlich fällt er dir
Btrp. Fg.

Brünnhilde
B.
Den du zu lie - - ben stets mich ge - lehrt, der in
W.
feig!
Str.
heh - - - - - rer Tu - gend dem Her - zen dir teu - er, ge-gen
sehr warm
cresc.
ihn zwingt mich nimmer dein zwei - späl-tig Wort! [149]
molto cresc.
B. Fg.
Wotan
Ha, Freche du! Fre-velst du mir? Wer bist du, als meines Wil-lens blind
più f
Str.
immer f

W.
wäh-lende Kür?
Str.
Hr. Fg.
ff
Tb.
ff dim.
Vc.
Da mit dir ich tag - - te, sank ich so
p
più p
tief, daß zum Schimpf der eig - - nen Ge -
p
schöp - - - fe ich ward? Kennst du,
Fg.
cresc.
Kind, mei-nen Zorn?
Br. Hr. Fg.
f cresc.
B. Pk.
più f

W.
Ver - za - - - ge dein Mut, wenn je zer -
ff
Hbl.
Hr.
simile
W.
mal - mend auf dich stürz - - - - - - - te sein
W.
Strahl!
più f
Pos.
Str.
ff dim.
W.
In mei - - - - nem Bu - - - - sen berg ich den
p trem.
W.
Grimm, der in Graun und Wust wirft ei - ne
p
cresc.

W.
Welt, die einst zur Lust mir ge-lacht: —
Str.
p dolce
Hr.
molto cres
Wehe dem, den er trifft!
Trauer schüf ihm sein Trotz!
ff
Hbl. Hr. Pos.
f Str.
p
molto cresc.
Fg. B
Drum rat ich dir, rei-ze mich nicht!
Be-
Hbl.
Hr.
Pos.
ff
cresc.
B.
Fg.
sor-ge, was ich be-fahl:
Sieg-mund fal-le!
Dies sei der
cresc.
Hbl.
Hr.
Trp.
Pos.
Sehr heftig (Er stürmt fort, und verschwindet schnell links im Gebirge.) (Brünnhilde steht
Wal-kü-re Werk! [197]
Str.
Str. pizz.
Pos. Pk
mf
B. Fg.
molto cresc.
più f

lange erschrocken und betäubt.)

V. Orch.
Becken
sehr ausdrucksvoll
dim. e rall.
Brünnhilde
Langsamer 𝅘𝅥 = 𝅗𝅥
So sah ich Sieg-va-ter nie, er-
Str.
dim.
zürnt ihn sonst wohl auch ein Zank.
(Sie neigt sich betrübt und nimmt ihre Waffen auf, mit denen sie sich
più p
Pk.
wieder rüstet.)
Btrp.
Schwer wiegt mir der Waf-fen Wucht!
Wenn nach Lust ich focht, wie waren sie
Hr.

Belebt
rallent.
B.
leicht!
Zu böser Schlacht schleich ich heut so bang.
3
Hr.
rall.
Trp.
Btrp p
dim.
p Hr.
p
Noch langsamer
B.
p
(Sie sinnt vor sich hin.)
seufzend
p
Weh! mein
sehr ausdrucksvoll
poco riten.
Tempo
poco riten.
Tempo
Eng. H. Fg.
p
Wälsung! Im höch-sten Leid muß dich treu-los die Treu-e ver-
gedämpft
Str.
pp
Bkl. Br.
più p
pp
B.
Sehr langsam
(Sie wendet sich langsam dem Hintergrunde zu.)
lassen! [165]
Sehr ausdrucksvoll und etwas hervortretend
Eng. H.
p
mf
Pos.
pp
sehr ausdrucksvoll, doch leise.
pp
p
Ob.
p
pp
9/8

Dritte Szene

B. *Ruhig anfangen und in das bewegte Tempo überleiten*

(Auf dem Bergjoche angelangt, gewahrt Brünnhilde, in die Schlucht hinabblickend, Siegmund und Sieglinde: sie betrachtet die Nahenden einen Augenblick; dann wendet sie sich in die Höhle zu ihrem Rosse, so daß sie dem Zuschauer gänzlich verschwindet.)

B. Sehr heftig bewegt
(Siegmund und Sieglinde erscheinen auf dem Bergjoche.)
ff Trp. Pos.
Str.
ff Hbl. Hr. Trp. Pos.
(Sieglinde schreitet hastig
ff
Trp. Pos.
voraus. Siegmund sucht sie aufzuhalten.)
Hbl. Hr.
dim.
Sieglinde
Sl.
Weiter!
Wei-ter! [155]
Siegmund
Sm.
Ra-ste nun hier, gön - ne dir Ruh!
p Str.
cresc.
(Er umfaßt sie mit sanfter Gewalt.)
Nicht wei - - - ter nun!
(Er schließt sie fest an sich.)
f Hbl. Hr.
ff
Trp.

dim.
Siegmund
Sm.
Ver-wei-le, sü - ßestes Weib! Aus Won-ne-Ent-zü-cken
Str.
più dim.
p
zuck-test du auf, mit jä-her Hast jag-test du fort: kaum
Ob.
Fg.
cresc.
Hr.
folgt ich der wil-den Flucht, durch Wald und Flur, über Fels und Stein.
f
Str.
cresc.
Hr. Fg.
Sprach - los schwei - gend sprangst du da - hin, kein

(Sieglinde starrt wild vor sich hin.)
Sm.
Ruf hielt dich zur Rast!
più cresc.
f Hbl. Hr.
9/8
3/4
ff Bl.
Siegmund
Ru - he nun aus: dim.
re - - de zu mir!
Ende des Schweigens
dim.
Vl.
Fg.
più p
Angst!
Sieh, dein Bru - der hält sei - ne Braut:
Hr.
Vc.
Br.
p
(Er hat sie unvermerkt nach dem Steinsitz geleitet, sie blickt ihm mit wachsendem Ent-
Sieg - - - mund ist dir Ge - sell! [159]
Vl.
Hr.
Str.
più p
p dolce
pp

zücken in die Augen; dann umschlingt sie leidenschaftlich seinen Hals, und verweilt so.)

Sl.
gab.
Etwas langsamer werdend
Str.
Bkl.
dim.
Vc.
più p
Vl.
Da er sie lie-bend um-fing, da se-ligste Lust sie fand,
Fg.
da ganz sie minn-te der Mann, der ganz ihr Min - ne ge-weckt. Vor der sü - - ßesten Won - - - ne
dolce
mf
B. Sehr ruhig beginnen
Belebend
hei - ligster Wei - he, die ganz ihr Sinn und See - - -
cresc.
Kl.

B. accelerando molto
Sl.
le durch - drang,
molto cresc.
Hbl. Hr.
B. Heftig bewegt.
Grau - en und Schau - der ob
ff
p
cresc.
gräß - lich - ster Schan - de, muß-te mit
f
dim.
Schreck die Schmäh - li - che fas - sen, die je dem
Str.
cresc.
Man - ne ge - horcht, der oh-ne Min - ne sie
Hbl. Hr.
p
f
dim.

B. Sie entreißt sich ihm und flieht auf die andere Seite der Bühne
Sl.
hielt! Laß die Ver-
fluch - te, laß sie dich
fliehn! Ver - wor - - - - - - fen
bin ich, der Wür - - - - - - - de
bar: dir rein - stem Man - ne muß ich ent-
Str.
Pk.
p
molto cresc.
f
Hbl. Hr.
Hr.
fp
cresc.
Fl. Kl. Fg.
Ob.
Ob. Kl.
Vl.

Sl.
rin - nen, dir Herr - - lichem darf ich nimmer ge - hö - ren.
Ob.
Str.
Hr. Fg.
p cresc.
Sl.
Schan - - de bring ich dem Bru - - der,
Hbl.
f Str.
Sl.
Schmach dem frei - - enden Freund!
Siegmund
Sm.
Was je Schande dir
Btrp. Pos.
Hbl. Hr.
più f
ff
f p cresc. mf
p
Sm.
schuf, das büßt nun des Frevlers Blut! Drum flie - he nicht wei - ter;
sf cresc.
Pk.
fp
p

Sm.
har - re des Fein-des; hier soll er mir fal-len: wenn Nothung ihm das
fp
p cresc.
fp Pk.
Herz zernagt, Rache dann hast du er - reicht!
Btrp.
p cresc.
Trp.
Str. Trp. Pos.
Str.
f
[164] Lebhaft
Hr.
Kl. Fg.
f Fg. Bkl.
p
Pk.
Str.
Sieglinde (schrickt auf und lauscht)
Sl.
Horch! die Hörner, hörst du den Ruf? Rings-her tönt wü - tend Ge-
tös; aus Wald und Gau gellt es her - auf.
Hr.
p Vc.
cresc.
molto cresc.
Br.
f
Hun - ding er - wachte aus har - tem Schlaf! Sippen und
p Kl. Fg. Bkl.
p
Vc. Br.

Hun-de ruft er zu-sammen; mu - tig ge-hetzt heult die Meu-te, wild
fp Hbl. fp fp fp fp fp cresc.
Ped. * Ped. Ped. Ped. Ped. simile
bellt sie zum Him - mel um der E - he ge-bro - chenen
fp fp fp fp
Pken
più cresc.
(Sie lacht wie wahnsinnig auf; dann schrickt sie ängstlich zusammen.)
Eid!
B. Sehr beeilend.
Wo bist du, Siegmund?
ten.
ff Hr. Trp. ff ff ff ff ff ff ff ff
Hbl. p
ten.
rallent.
B. Alles sehr leise
seh ich dich noch? brünstig ge - lieb-ter, leuch-ten-der Bru-der! Dei-nes Au-ges
Langsam
p Str. p più p
Stern laß noch ein-mal mir strah-len: wehre dem Kuß des ver - worf-nen Wei-bes

(Sie hat sich ihm schluchzend an die Brust geworfen: _ dann schrickt sie ängstlich wieder auf.)
Sl.
nicht!
Wieder lebhaft.
Fg. Bkl.
p
Pk.
KB.
Hr.
f
p
cresc.
f
Sieglinde
Horch! o horch!
das ist Hundings Horn!
fp
Kl.
cresc.
f
più
Seine Meu - te naht mit mächtger Wehr: kein Schwert frommt vor der Hun - de
Br. Fg. Bkl.
p
Tben. Pk.
p
p
cresc.
Schwall: wirf es fort, Sieg - mund!
mf
Str.
cresc.

Sieg- mund wo bist du?
f dim. più
p B.
Ha dort, ich se - he dich!
p
Schreck - lich Ge-sicht! Rü - - - - den
Hr.
p p
flet - - schen die Zäh-ne nach Fleisch; sie ach - - ten nicht deines
p
ed - - - - - len Blicks; bei den Fü - - ßen packt dich das fe-ste Ge-
cresc.
Bkl.

Sl.
biß, du fällst_ in Stü-cken zerstaucht das Schwert:_
Ob. Kl. Fg.
Trp.
Btrp.
f
più f
die E-sche stürzt_ es bricht der Stamm! Bruder! mein
ff
V. Orch. ohne Tben.
Pk.
f
dim.
(Sie sinkt ohnmächtig in Siegmunds Arme.)
Bruder! Siegmund_ ha!_
Siegmund
Sm.
Schwester! Ge-lieb- - te!
(Er lauscht ihrem
Langsamer
Str.
Eng. H.
p
più p
poco cresc.
Atem und überzeugt sich, daß sie noch lebe.)
(Er läßt sie an sich herabgleiten, so daß sie, als er sich selbst zum Sitze niederläßt, mit ihrem Haupte auf seinen Schoß zu ruhen kommt. In
Horn
Fg.
p
più p
pp
Vc.
Br.
pp
Bkl.
dieser Stellung verbleiben beide bis zum Schlusse des folgenden Auftrittes.)
(Langes Schweigen, währenddessen
Eng. H. Fg.
più p
Bkl.

Siegmund mit zärtlicher Sorge über Sieglinde sich hinneigt, und mit einem langen Kusse ihr die Stirne küßt.)
Br.
Hr. Fg.
p
più p
Vc. KB.
ritard.
pp
ppp
Vierte Szene
(Brünnhilde, ihr Roß am Zaume geleitend, tritt aus der Höhle und schreitet langsam und feierlich nach vorn.)
Sehr feierlich und gemessen
pp Tb.
Pk.
(Sie hält an und betrachtet Siegmund von fern.)
lange
Pk.
(Sie schreitet wieder langsam vor.)
Tb.
(Sie hält in größerer Nähe an.)
lange
Trp. Pos.
Pk.
Brünnhilde (trägt Schild und Speer in der einen Hand, lehnt sich mit der andren an den Hals des Rosses, und betrachtet so mit ernster Miene Siegmund)
B.
Siegmund!
Hr. Fg.
Ob. Kl.
Fg.
pp
p

(Siegmund richtet den Blick zu ihr auf.)
B.
Sieh auf mich! Ich bin's, der bald du folgst.
pp
Siegmund
Sm.
Wer bist du, sag, die so schön und ernst mir er-scheint?
Trp. Pos.
Brünnhilde
B.
Nur Tod-ge-weih-ten taugt mein Anblick; wer mich er-schaut, der
Tb.
schei-det vom Le-bens-licht. Auf der Wal-statt al-lein er-schein ich
Btrp. Pos.
Pk.
Ed-len; wer mich gewahrt, zur Wal kor ich ihn mir!

(Siegmund blickt ihr lange forschend und fest in das Auge, senkt dann sinnend das
Vc.KB.
pp
Pk.
8va bassa
Haupt, und wendet sich endlich mit feierlichem Ernste wieder zu ihr.)
p
più p
Brünnhilde
Zu Wal-va-ter, der dich ge-
Siegmund
Der dir nun folgt, wo-hin führst du den Hel-den?
Vc.
Trp.
pp Kl. Pos.
immer pp Hr.
wählt, führ ich dich: nach Wal-hall folgst du mir.
Pos.
più p
Siegmund
In Wal-halls Saal Wal-vater find ich al-
Vc.
Kl. Fg.

Brünnhilde
B.
Ge - fall - ner Hel - den heh - - re Schar um - - fängt dich hold mit hoch - - hei - li-gem Gruß.
Sm.
lein?
Trp.
Hr.
Pos.
pp
Siegmund
Fänd ich in Wal - hall Wäl - se, den eig - nen Va - - ter?
Vc.
dolce
pp Kl. Pos.
Brünnhilde
Den Va - ter fin-det der Wäl-sung dort!
zart
Grüßt mich in
Tb.
pp
Pos.
p
più p - - pp
dolce
Hr.
Hr. Fg. Br. Vc.

B.
Sm.
Wal- -hall froh ei - ne Frau?
Wunsch - mäd-chen
Pk.
Hfe. p dolce
Kl. Pk.
Pos.
wal - ten dort hehr: Wo - tans Toch - ter reicht dir trau-
Hr. Fl.
p dolce
zart pp
- lich den Trank!
immer pp
Kl.
Fl.
Becken.
pp dolce
Tb.
Hr.
Siegmund
Hehr bist du: und hei - lig ge - wahr ich das Wo - tans-
Trp. Pos.
pp

Sm.
kind: doch ei - nes sag mir, du Ew'ge! Be - glei - tet den
ten.
ten.
Vl.
pp Kl.
p
ten.
ten.
pp
Sm.
Bru - der die bräut - li - che Schwe - ster? um - fängt Sieg - mund
Pos.
pp
Brünnhilde
B.
Er - den - luft muß sie noch at - men:
Sm.
Sieg - lin - de dort?
poco cresc.
pp Hbl.
immer pp
Fg.
Etwas langsamer
(Siegmund neigt sich sanft über Sieglinde, küßt sie auf die Stirn und wendet sich ruhig
B.
Sieg-lin-de sieht Sieg - mund dort nicht.
pp Br.
riten.
pp
Kl.
wieder zu Brünnhilde.)
Siegmund
Sm.
So grü-ße mir Wal - hall,
pp
pp Kl. Hr.
pp Pos.

Sm.
grü-ße mir Wo-tan, grü-ße mir Wäl-se und al-le Hel-den,
pp
pp
cresc.
Br.Vc.KB.
p
Hr.Pos.
sehr bestimmt
p
grüß auch die hol-den Wun-sches-mäd-chen: zu ih-
pp dolce
Kl.
Ob.
Fl.
più pp
-nen folg ich dir nicht!
Trp.Pos.
f
Hbl.Hr.
ff
dim.
Brünnhilde
B.
Du sahst der Wal-kü-re
p.
poco cresc.
seh-ren-den Blick: mit
molto cresc.

B.
ihr mußt du nun ziehn!
trem.
ff Hbl. Hr. Str.
dim.
più p
Vc.
pp
Siegmund
Sm.
Wo Sieg - lin-de lebt in Lust und
pp dolce
immer p
Sm.
Leid, da will Sieg - mund auch säu - men:
dolce
noch
Vl.
dolce
Sm.
mach - te dein Blick nicht mich er - blei - chen; vom
Str.
sf
sf

Brünnhilde
B.
So lang du
Sm.
Blei - - ben zwingt er mich nie!
Trp. Pos.
mf
p < f
p
Br.
mf
lebst, zwäng dich wohl nichts: doch
Trp.
Br.
dim.
Hbl. pp
sf
zwingt dich To - - ren der Tod: —
poco cresc.
molto cresc.
Pk.
ihn dir zu kün - den kam ich her.
Siegmund
Wo wä - re der
Hbl. Str.
trem.
ff
dim.
più p
pp
mf

Sm.
Held, dem heut ich fiel?
sf
p
Pos.
Brünnhilde
B.
Hunding fällt dich im Streit.
Sm.
Mit stärkrem dro-he, als Hundings
Trp.
fp
Str.
cresc.
f
Sm.
Strei - chen! Lau - erst du hier lü - stern auf
Hbl. Str.
Wal, je - nen kie-se zum Fang: ich denk ihn zu fäl-len im Kampf!
Brünnhilde (den Kopf schüttelnd).
Dir,
Hr. Hbl.

B.
Wäl - - - sung hö - re mich wohl:
Trp.
Trp. Pos.
f
fp
p cresc. molto
B.
dir ward das Los ge - kiest.
Siegmund.
Sm.
Kennst du dies Schwert? Der mir es schuf, beschied mir
Hbl. Hr. Str.
ff p
p cresc.
Trp.
p
mit stark erhobener Stimme
B.
Der dir es
Sm.
Sieg: deinem Dro - hen trotz ich mit ihm!
Hbl. Hr.
f
Trp.
B.
schuf, beschied dir jetzt Tod: sei - ne Tu - - gend
più f accel.
Pos.

B.
nimmt er dem Schwert! [178]
Siegmund
heftig
Sm.
Schweig! und schrecke die Schlummern-de nicht!
(Er beugt sich mit hervorbrechendem Schmerze zärtlich über Sieglinde.)
accel.
ff
mf
Str.
ff
dim.
Pk. Hr. B.
Etwas bewegt (doch nicht zu schnell.)
Br. Vc.
p
weich
Horn.
Weh! weh! sü - - ßestes Weib! Du
p
Fg.
trau - - rig-ste al - - ler Ge-treu - - en! Ge-gen dich
p
wü - tet in Waf - fen die Welt: und ich, dem du ein - zig ver-traut, für
Str.
cresc.
mf
p

Sm.
den du ihr ein - zig ge - trotzt, mit mei - nem Schutz nicht soll ich dich
p
cresc.
schir - men, die Küh - ne ver - ra - ten im Kampf? Ha
più f
Schan - de ihm, der das Schwert mir schuf, beschied er mir Schimpf für Sieg!
ff
Hbl. Hr.
dim.
Hbl. Hr. Str.
f
Muß ich denn fal - len, nicht fahr ich nach
ff
Str. p
cresc.
Wal - hall, Hel - la hal - te mich
Hbl.
ff

(Er neigt sich tief zu Sieglinde.)
Sm.
fest!
Ersteŝ Zeitmaß.
Hr.
ff
Tb. Br. B.
tenuto
dim.
p
Pk.
Brünnhilde (erschüttert.)
B.
zögernd und zurück-
So we-nig ach - test du e - wi - ge Won - ne? Al - les wär dir das
pp Str.(mit Dämpfer)
Pk.
pp
immer p
haltend
ar - me Weib, das müd und harmvoll matt von dem Scho-ße dir hängt?
Im Zeitmaß
Nichts sonst hieltest du hehr? [180]
Hr.
p
Fg.Vc.KB.
dim.
Siegmund (bitter zu ihr aufblickend.)
B. Fließend.
So jung und schön er - schim - merst du mir: doch wie
Vl.
p
Hr.
ten.
ten.

Sm.
kalt und hart er-kennt dich mein Herz!
Ob.
Kannst du nur höh-nen, so he-be dich
p
mf
Hr.
fort, du ar-ge, fühl-lo-se
Fg. B.
sf
p
Maid! Doch mußt du dich wei-den an mei-nem
Vl. Ob.
cresc.
Weh, mein Lei-den le-tze dich denn;
f
dim.
p

Sm.
mei-ne Not la - - be dein neid - -vol - - les Herz: –
Kl. Fg.
sf
p
B.
Sm.
nur von Wal-halls spröden Wonnen sprich du wahrlich mir nicht!
p
Str.
Hr.
Kl. Fg. B.
cresc.
B.
Brünnhilde
Ich
f
dim.
B.
se - he die Not, die das Herz dir zer-nagt, ich
Vl.
Hr.
p
poco cresc.
B.
füh - - le des Hel - - den hei - li - gen Harm:
Ob.
dim.
sf
Fl. Eng. H.
p

B.
Sieg - mund,
Fl. Ob. Kl.
cresc. poco a poco
be - fiehl mir dein Weib: mein Schutz
Vl.
più
Hbl. Hr.
um - fan - ge sie fest!
Str. Pos.
dim.
Siegmund
Sm.
Kein and - rer als ich soll die
fp
Rei - ne le - bend be - rüh - ren; ver - fiel ich dem
Str.

Sm.
Tod, die Be-täub - - te töt ich zu-vor!
p
p
fp
f
Brünnhilde (mit wachsender Ergriffenheit.)
B.
Wäl - sung! Ra - sen-der! Hör meinen Rat:
Vl. Hbl.
p cresc.
Hr.
B.
be - fiehl mir dein Weib um des
f dim.
p dolce
B. Zurückhaltend.
B. a tempo
Pfan - des wil - len, das won-nig von dir es em-pfing. [184]
B. Wieder vorwärts.
Siegmund (das Schwert ziehend.)
Sm.
Dies
Fl. Hbl. Hr.
Hr.
f dim.
p dolce
Fg. B. p molto cresc.
Sm.
Schwert, das dem Treu - en ein Trug - vol - ler
Str.
Pos.
f
p
f

Sm.
schuf; dies Schwert das feig vor dem
cresc.
f
p
Feind mich ver-rät: frommt es nicht gegen den Feind, so
cresc.
fp
cresc.
(Er zückt das Schwert auf Sieglinde)
fromm' es denn wi-der den Freund!
fp
cresc.
f più cresc.
Trp.
Zwei Le - ben la-chen dir hier:
ff
Hbl. Hr. Pos.
Br.
p
f
p
nimm sie, No - thung, nei - di-scher Stahl! nimm sie mit ei - nem
f
p
f
p
f
cresc.

Brünnhilde (im heftigsten Sturme des Mitgefühles.)
B.
Halt ein! Wäl - sung!
Sm.
Streich! [189]
Str.
molto accel.
ff
Hbl.
Hr.
B.
f sempre
simile
Hö - - re mein Wort!
accel.
immer sehr stark
più f
Sieg - lin-de le - - - - - be, und
ff
più f
Sehr feurig
Sieg - - - - - mund
Sehr lebhaft
Pos. Pk.
p
molto cresc.
ff

B.
le - be mit ihr! Be -
schlos - sen ist's;
das Schlacht - los
wend ich: dir, Sieg - mund,
schaff ich Se - gen und
p
cresc.
molto
ff
dim.
mf
f
Hbl. Hr.
Str.
più f

B.
Sieg!
Hörst du den Ruf?
Pos.
Trp.
Tb.
Vl.
Vc.
p
cresc.
Nun rü-ste dich, Held! Trau - e dem Schwert, und schwing es ge-trost: treu
Str.
f
p
cresc.
hält dir die Wehr, wie die Wal-kü-re treu dich schützt! Leb
Str.
Tb. Pos.
Hr.
fp
wohl, Sieg - mund, se - - - - lig-ster Held! Auf der
accel.
cresc.
mit Ungestüm
(Sie stürmt fort und verschwindet mit dem Rosse rechts in einer
Wal-statt seh ich dich wie-der! [197]
Str. Hbl. Hr.
ff Hbl. Hr.
Str. mf
ff
Pk.
immer ff

Seitenschlucht. Siegmund blickt ihr freudig und erhoben nach. — Die Bühne hat sich allmählich verfinstert; schwarze

Gewitterwolken senken sich auf den Hintergrund herab, und hüllen die Gebirgswände, die Schlucht und das erhöhte

Bergjoch nach und nach gänzlich ein.)

ff
dim.
Kl.
p
Vl.
Ob.
p dolce
Hbl. Hr.
Pk.
dim.
Kl. Eng. H. Fg. Hr.
Br.
p
p
(Siegmund neigt sich wieder über Sieglinde, dem Atem lauschend.)
allmählich zurückhaltend
Tb.
pp
pp
Vc. Br. KB.
ritard.
più p

Fünfte Szene

Sm.
Traum.
B. Sehr zart, wenig crescendo.
Vc.
Hr. Br. p dolce
più p
Lebhafter.
Tb.
pp
Pk.
So schlumm - re nun fort, bis die Schlacht ge - kämpft, und
p
Kl. Fg.
dim.
Str.
Etwas zurückgehalten. (Er legt sie sanft auf den Steinsitz, und küßt ihr zum Abschied die Stirne.)
Frie - de dich er - freu!
Hr.
p dolce
Vc.
Kl.
dim.
pp
p dolce
rall. più p
Siegmund (vernimmt Hundings Hornruf und bricht entschlossen auf).
Der dort mich
Lebhaft
Stierhorn a.d. Bühne.
Str.
f
p
cresc.
B.
fp

Sm.
(Er zieht das Schwert.)
ruft, rü - ste sich nun; was ihm gebührt, biet ich ihm:
mf
cresc.
p
cresc.
Trp.
Sm.
(Er eilt dem Hintergrunde
Nothung zahlt ihm den Zoll! [194]
Hbl. Hr.
f
ff
Hbl. Hr.
ff
Trp. Btrp. Pos.
zu und verschwindet, auf dem Joche angekommen, sogleich in finstrem Gewittergewölk, aus welchem alsbald Wetter
ff
leuchten aufblitzt.)
trem.
Str.
p
p sempre
Stierhorn.
f
p
cresc.
p
p
Hr. Fg
cresc.

Hbl.
f
Pk.
mf
mf
Hbl.
Hr.
dim.
dim.
(Sieglinde beginnt sich träumend unruhiger zu bewegen.)
Langsamer.
Kl. Fg.
p
più dim.
pp
Br.
Fg. Hr. Pk.
Sieglinde
Sl.
Kehr-te der Va-ter nun heim! Mit dem Kna-ben noch weilt er im
Forst. Mut-ter! Mut-ter! mir bangt der Mut,
pp
Vc.
nicht freund und fried-lich schei-nen die Frem-den! Schwar-ze
Hr.
p
Kl. Fg.

Sl.
Dämpfe schwü-les Ge-dünst feu-ri-ge Lo-he leckt schon nach
Hr.
Vcll.
accel.
Tb.
poco a poco cresc.
uns esbrennt das Haus, zu Hül-fe, Bru-der! Sieg-mund!
KB. Vc.
Sieg-mund!
(Sie springt auf.)
Lebhaft
Str.
più cresc.
Hbl.
ff
Pk.
(Starker Blitz und Donner.)
Sieg-mund!
Ha!
molto cresc.
fp
Hbl. Hr.
Trp. Pos.
molto cresc.
(Sie starrt in steigender Angst um sich her: fast die ganze Bühne ist in schwarze Gewitterwolken gehüllt, fortwährender Blitz und Donner. Der Hornruf Hundings ertönt in der Nähe.)
dim.

Hundings Stimme (im Hintergrunde vom Bergjoche her.)
H
Weh- - -walt! Weh- -walt! Steh mir zum Streit,
p Str.
Siegmunds Stimme (von weiter hinten her aus der Schlucht.)
Sm.
Wo birgst du dich,
H.
sol - len dich Hun-de nicht hal - ten.
Trp.
Pos.
f
p
(Sieglinde in furchtbarer Angst lauschend.)
Sm.
daß ich vor-bei dir schoß? Steh, daß ich dich stel- -le!
Str.
cresc.
Hr.
Sieglinde
Sl.
Hunding! Siegmund! Könnt ich sie se - hen! [196]
Hbl. Hr.
fp
cresc.

Hunding.
H.
Hie-her, du fre - velnder Frei - er! Fri - cka fäl - le dich
Str.
f
p
Siegmund (nun ebenfalls vom Joche her.)
Sm.
Noch wähnst du mich waf - fenlos, fei - - ger
hier!
Tb.
fp
Wicht?
Drohst du mit Frau - en, so ficht nun selber, sonst
läßt dich Fri - cka im Stich!
Denn sieh: deines Hau - ses
Pos.
Btrp. solo.

Sm.
hei - - mischem Stamm ent - zog ich zag - los das
Sieglinde (mit höchster Kraft.)
Sl.
Hal-tet
(Ein Blitz erhellt für einen Augenblick
Sm.
Schwert; sei-ne Schnei-de schmecke jetzt du! [⊕]
Trp.
ff
molto cresc.
Pos.
f
Hr. Str.
das Bergjoch, auf welchem jetzt Hunding und Siegmund kämpfend gewahr werden.)
Sl.
ein, ihr Män - - - - ner:
ff
ff
(Sie stürzt auf das Bergjoch zu: ein von
Sl.
mor - - - - - -det erst mich! [241]
ff
ff

rechts her über die Kämpfer ausbrechender heller Schein blendet sie aber plötzlich so heftig, daß sie wie erblindet, zur Seite schwankt.)
immer ff
8va bassa ad lib.
Brünnh.
Triff ihn, Sieg - mund! (Variante in der Partitur.)
B.
Triff ihn, Sieg - mund! trau - e dem Schwert!
Str.
fp
Pos.
(In dem Lichtglanze erscheint Brünnhilde, über Siegmund schwebend, und diesen mit dem Schilde deckend. Als Siegmund soeben zu einem tödlichen Streiche auf Hunding ausholt, bricht von links her ein glühend rötlicher Schein durch das
Trp. Hr.
Gewölk aus, in welchem Wotan erscheint, über Hunding stehend, und seinen Speer Siegmund quer entgegenhaltend.)
Wotan
W.
Zu - rück vor dem
Str. Pk.
(Brünnhilde weicht erschrocken vor Wotan mit dem Schilde zurück: Siegmunds Schwert zerspringt an dem vorgehaltenen Speere.)
Speer! in Stücken das Schwert! [199]
V. Orch.
Trp.
molto cresc.
ff
Tb.

(Dem Unbewehrten stößt Hunding seinen Speer in die Brust.)
(Siegmund
ff
ff
ff V. Orch.
Pk.
8va bassa
stürzt tot zu Boden: Sieglinde, die seinen Todesseufzer gehört, sinkt mit einem Schrei wie leblos zusammen.)
ff
dim. Hbl. Pos.
più dim.
8va bassa
(Mit Siegmunds Fall ist zugleich von beiden Seiten der glänzende Schein verschwunden; dichte Finsternis ruht im Ge-
Zurückhaltend.
p Hr. Fg.
più p
pp
Tb.
wölk bis nach vorn: in ihm wird undeutlich Brünnhilde sichtbar, wie sie in jäher Hast sich Sieglinden zuwendet.)
p
Br.
p
p
Brünnhilde
(Sie hebt Sieglinde
B.
Belebend
Zu Roß! daß ich dich ret- - te! [228]
p
Str.
p
schnell zu sich auf ihr der Seitenschlucht nahe stehendes Roß, und verschwindet sogleich mit ihr.)
accel.
cresc.
Hbl. Hr.

Vl.
Trp.
più f
(Alsbald zerteilt sich das Gewölk in der Mitte, so daß man deutlich Hunding gewahrt, der soeben seinen Speer dem gefallenen Siegmund aus der Brust gezogen.)
Pos.
rallent.
Pk.
Vc.
dim.
piu
Wotan (von Gewölk umgeben, steht dahinter auf einem Felsen an seinen Speer gelehnt und schmerzlich auf Siegmunds Leiche blickend; zu Hunding).
W.
Geh hin, Knecht! Knie - e vor
Langsam
Fri-cka: meld ihr, daß Wotans Speer ge - rächt, was Spott ihr schuf.
Btrp. Hr.
B.

(Vor seinem verächtlichen Handwink sinkt Hunding tot zu Boden.)
W.
Geh! Geh!
B.
Pos.
Pk.
dim.
più p
(plötzlich in furchtbarer Wut auffahrend)
Doch Brünn - hil - de!
Sehr heftig
Pos.B.
molto cresc.
cresc.
Weh der Ver - bre - cherin!
Furcht - bar sei die Fre - che ge - straft, er -
immer f
(Er verschwindet mit Blitz und Donner.) — Der Vorhang fällt schnell.
reicht mein Roß ih - re Flucht! [253]
più f

fff
sf
ff
f
più f
molto cresc.

Dritter Aufzug

Vorspiel und erste Szene

(**Die Walküren**)

B. *Den Rhythmus* [rhythm] *durchweg sehr scharf und deutlich betonen.*

Trp. Hr.
f marc.
Hr. Btrp.
ff
Hr. Trp.

Auf dem Gipfel eines Felsberges. Rechts begrenzt ein Tannenwald die Szene. Links der Eingang einer Felsen-

höhle: darüber steigt der Fels zu seiner höchsten Spitze auf. Nach hinten ist die Aussicht gänzlich frei; höhere und niedere Felssteine bilden den Rand vor dem Abhange.— Einzelne Wolkenzüge jagen, wie vom Sturm getrieben, am Felsensaume

vorbei. — Gerhilde, Ortlinde, Waltraute und Schwertleite haben sich auf der Felsenspitze über der Höhle gelagert: sie sind in voller Waffenrüstung. (Gerhilde, zu höchst gelagert, dem Hintergrunde zurufend, wo ein starkes Gewölk herzieht)

Helmwiges Stimme (im Hintergrunde) durch ein Sprachrohr.
Hm.
Ho-jo-to-ho!
Ho-jo-to-ho!
Ho-jo-to-ho!
Hbl.
Trp.
Str.
p
cresc.
Hr.
Ho-jo-to-ho!
Hei - - - - a - - - ha!
molto cresc.
ff
(In dem Gewölk bricht Blitzesglanz aus: eine Walküre zu Roß wird in ihm sichtbar; über ihrem Sattel hängt
[208]
Btrp.
Pos.
ein erschlagener Krieger.)
(Die Erscheinung zieht, immer näher,
am Felsensaume von links nach rechts vorbei.)

Trp.
Pos.
Gerhilde.
Heia - ha! Heia -
Waltraute
Heia - ha! Heia -
Schwertleite.
Heia - ha! Heia -

G.
ha!
Wlt.
ha!
Sch.
ha!
8
ff V. Orch. (Ohne Hörner). Becken
ff
(Die Wolke mit der Erscheinung ist rechts hinter dem Tann verschwunden.)
Hr.
Ursprüngliche Fassung: O.
Zu Ort-lin-des Stu - te stell dei - nen Hengst:
B. Änderung
Ortlinde (in den Tann hineinrufend)
O.
Zu Ort - lin - des Stu - te stell deinen Hengst: mit meiner
Hbl.
f
Str.
f
p
Helmwige (aus dem Tann auftretend)
Hm.
Sintolt, der Hegeling!
O.
Grau-en grast gern dein Brauner!
Waltraute (hineinrufend)
Wlt.
Wer hängt dir im Sattel? [210]
Hr.
mf
Trp.
Str. p

Gerhilde (ist etwas näher herabgestiegen)
Als
Schwertleite
Führ deinen Braunen fort von der Grauen: Ortlin-des Mähre trägt Wit-tig, den Ir - ming!
p
Hr.
Trp. p cresc.
Ortlinde (springt auf)
Heia-ha! Heia-
Feinde nur sah ich Sintolt und Wit-tig!
sf
Str. p cresc.
Str. fp
Hbl.
Hr. Fg.
f sempre
(Sie läuft in den Tann.)
ha! Die Stu - te stößt mir der Hengst! [214]
fp
Str.
p
Pk.
cresc.
Gerhilde (lachend)
Ha ha ha ha ha ha ha ha ha ha! Der Re-cken Zwist entzweit noch die
Helmwige (lachend)
Ha ha ha ha ha ha ha ha ha, ha!
Schwertleite (lachend)
Ha ha ha ha ha ha ha ha ha ha! [211]
f
fp
Hbl.
Hr. Fg.
f

G.
Ros - se! [212]
Helmwige (in den Tann zurückrufend).
Hm.
Ru - hig, Brau - ner! brich nicht den
Str.
p cresc.
f
Waltraute (auf der Höhe, wo sie für G e r h i l d e die Wacht übernommen).
Wlt.
Ho-jo-ho! Ho-jo-ho!
Hm.
Frie- - den. [214]
Hbl.
Str.
p
(nach rechts in den Hintergrund rufend.)
Wlt.
Sie - gru - ne, hier! Wo säumst du so lang?
Hbl.
immer p
Str. Btrp.
(Sie lauscht nach rechts.)
Str.
p
cresc.

Siegrunes Stimme (durch ein Sprachrohr) von der rechten Seite des Hintergrundes her.
Sgr.
Ar - beit gab's!
Hr. Trp.
cresc.
dim.
Siegrune
Sind die an - dren schon da?
[214]
Hr. Btrp.
Waltraute (nach rechts in den Hintergrund rufend).
Ho - jo - to - ho!
Schwertleite (nach rechts in den Hintergrund rufend).
Ho - jo - to - ho!
Trp. Hr.

Gerhilde (nach rechts in den Hintergrund rufend)
G.
Heia - ha!
Wlt.
Heia - ha!
(Ihre Gebärden, sowie ein heller Glanz hinter dem Tann zeigen an, daß soeben Siegrune dort angelangt ist.)
Schwertleite
Sch.
Heia - ha!
[215]
f
dim.
Btrp. Hr.
p
Roßweißes Stimme (von links im Hintergrunde durch ein Sprachrohr).
R.
Ho - jo - to - ho!
Grimgerdes Stimme (von links im Hintergrunde durch ein Sprachrohr)
Gr.
Ho - jo - to - ho!
p
Trp. Hr.
R.
Heia - ha!
[214]
Gr.
Heia - há!
[214]
cresc.

Gerhilde (ebenso)
Sie rei - ten zu zwei. [215]
Waltraute (nach links)
Grim - - - gerd und Roß - - - wei - - ße! [215]
molto cresc.
ff
Pos.
fff V. Orch. Becken.
(In einem blitz-erglänzenden Wolkenzuge, der von links her vorbeizieht, erscheinen Roßweiße und Grimgerde, ebenfalls auf Rossen, jede einen Erschlagenen im Sattel führend.)
immer ff
(Helmwige, Ortlinde und Siegrune sind aus dem Tann getreten, und winken vom Felsensaume den Ankommenden zu.)

Helmwige
Hm.
Gegrüßt,
ihr Rei - si - ge!
Ortlinde.
O.
Gegrüßt,
ihr Rei - si - ge!
Siegrune.
Sgr.
Gegrüßt,
ihr Rei - si - ge!
Roß - weiß und Grim - ger - de!
Roß - weiß und Grim - ger - de!
Roß - weiß und Grim - ger - de!
Roßweißes u. Grimgerdes Stimmen (durch ein Sprachrohr).
Ho-jo - to-ho!
(Die Erscheinung verschwindet hinter dem Tann.)
R. u. Gr.
Ho-jo - to-ho!
Heia-ha!
[220]

Helmwige u. Ortlinde
Hm. u. O.
Ho-jo-to-ho! Ho-jo-to-ho! Heia - ha! Heia -
Gerhilde u. Waltraute.
G. u. Wlt.
Ho-jo-to-ho! Ho-jo-to-ho! Heia - ha! Heia -
Siegrune u. Schwertleite
Sgr. u. Sch.
Ho-jo-to-ho! Ho-jo-to-ho! Heia - ha! Heia -
ff
Hbl. Hr.
ten.
Btrp.
Str.
più f
Pos.
ha! Ho-jo-to-ho! Ho-jo-to-ho! Heia -
Str. Fg.
f Hbl. Hr.
ha! Heia - ha! Ho-jo-to-ho!
Heia-ha!
Hbl.
Btrp.
Trp.

Hm. u. O.
Ho-jo-to-ho!
Ho-jo-to-ho!
Ho-jo-to-ho!
G. u. Wlt.
Heia-ha!
Heia-ha!
Heia-ha!
Sgr. u. Sch.
Heia-ha!
Heia-ha!
Heia-ha!
Pos.
più f
Hei - - - a - ha!
Heia - ha! Hei-a - ha!
Heia - ha! Hei-a - ha!
Str. Hbl.
cresc.
218
217
217
218
218
ff V. Orch. Becken (Ohne Hörner)

ff Hr.
ff V. Orch.
Gerhilde (in den Tann rufend)
G.
In
ff Hr.
Wald mit den Ros-sen zu Rast und Weid!
p Hbl. Hr.
cresc.
Str.
Ortlinde (ebenfalls in den Tann rufend)
O.
Führet die Mäh - ren
V. Orch. (Ohne Hörner.)
ff
p
Str.
fern von-einan - - - der, bis uns-rer Hel - den
Hbl.
p

O.
Haß sich ge - legt! [220]
Waltraute (lachend).
Vlt.
Ha ha ha ha ha ha ha ha ha
Schwertleite (lachend).
Sch.
Ha ha ha ha ha ha ha ha ha
Str.
cresc.
V. Orch. ohne Hr.
ff
8
Helmwige
Hm.
Der Hel - - - - den
Gerhilde (lachend).
G.
Ha ha ha ha ha ha ha ha ha ha!
Siegrune (lachend).
Sgr.
Ha ha ha ha ha ha ha ha ha ha! [220]
Wlt.
ha!
Sch.
ha!
p
Str.
Hm.
Grimm büß - te schon die Grau - - - - - e!
Bl.

Helmwige (lachend).
Hm.
Ha ha ha ha ha ha ha ha ha
Gerhilde (lachend).
G.
Ha ha ha ha ha ha ha ha ha
Waltraute (lachend).
Wlt.
Ha ha ha ha ha ha ha ha ha ha!
Schwertleite (lachend).
Sch.
Ha ha ha ha ha ha ha ha ha ha!
f
Hr. Pos. Pk.
ha! Ha ha ha ha ha ha ha ha ha
ha! Ha ha ha ha ha ha ha ha ha
Ha ha ha ha ha ha ha ha ha ha!
Ha ha ha ha ha ha ha ha ha ha!
più f
ff

Roßweiße u. Grimgerde (aus dem Tann tretend)
R. u. Gr.
Ho - jo - to - ho!
Hm.
ha!
G.
ha!
Ortlinde (lachend)
O.
Ha ha ha ha ha ha ha ha ha ha!
Siegrune (lachend)
Sgr.
Ha ha ha ha ha ha ha ha ha ha!
fp
cresc. molto
R. u. Gr.
Ho - jo - to - ho!
Will-
Helmwige u. Ortlinde
Hm. u. O.
Will - kom - men! Will - kom - men! Will-
Gerhilde u. Waltraute
G. u. Wlt.
Will - kom - men! Will - kom - men! Will-
Siegrune u. Schwertleite
Sgr. u. Sch.
Will - kom - men! Will - kom - men! Will-
fff V. Orch.

R. u. Gr.
kom - - - - - - - men!
Hm. u. O.
kom - - - - - - - men! [222/223]
G. u. Wlt.
kom - - - - - - - men!
Sgr. u. Sch.
kom - - - - - - - men! [Sgr. 223]
poco dim. Str.
Trp. Hr.
più dim.
Grimgerde
Gr.
Getrennt rit - ten wir und trafen uns
Schwertleite
Sch.
War't ihr Kühnen zu zwei? [223]
Roßweiße
R.
Sind wir al - le ver - sammelt, so säumt nicht lange: nach
Gr.
heut. [223]
immer p

R.
Wal - hall brechen wir auf,
Wo - tan zu bringen die
Btrp. Pos.
Helmwige
Hm.
Acht sind wir erst: ei - ne noch fehlt.
R.
Wal.
Gerhilde
G.
Bei dem
Trp. Pos.
Hr.
Trp.
Str.
Waltraute.
Wlt.
Auf sie noch
G.
brau - nen Wäl - sung weilt wohl noch Brünn - hild.
più p
Vl.
B. Änderung.
säh
Wlt.
har - ren müssen wir hier: Wal - va - ter gäb uns grimmi - gen Gruß, säh oh - ne
Trp. Hr.
Str.
cresc.

Siegrune (auf der Warte, von wo sie hinausspäht).

Hm. u. Sgr.
ho! Ho-jo-to-ho! Heia-ha!
G. u. O.
Brünn-hil-de, hei!
226
225
Wlt. u. R.
Brünn-hil-de, hei!
Gr. u. Sch.
Brünn-hil-de, hei!
225
226
più f Hbl.
Trp.
Schneller
(Sie spähen mit wachsender Verwunderung.)
Hm. u. Sgr.
225
226
p
Str. Fg.
p
Waltraute
Wlt.
Nach dem Tann lenkt sie das tau-melnde
p

Vlt.
Roß
Grimgerde
Gr.
Wie schnaubt Gra - - ne vom schnel - len
p
p
Roßweiße
R.
So jach sah ich nie Wal - kü-ren
Gr.
Ritt! [227]
p
Helmwige
Hm.
Das ist kein
R.
ja - -gen! [227]
Ortlinde
O.
Was hält sie im Sat-tel?
cresc.
Bewegt
Hm.
Held! [227]
cresc.
Hr. Kl.
Str.
p
Pk.

Gerhilde
G.
Wie fand sie die Frau?
Siegrune
Sgr.
Ei-ne Frau führt sie.
f Str. Hbl. Hr.
dim.
Waltraute (hinabrufend - sehr stark).
Wlt.
Hei-a-ha! Brünn - hil - de, hörst du uns nicht?
Schwertleite
Sch.
Mit keinem Gruß grüßt sie die Schwe - stern!
Str.
p Fg. B.
Btrp. Pos.
cresc.
Ortlinde
O.
Helft der Schwe - ster vom Roß sich schwingen!

Ortlinde
O.
Heia - ha!
Helmwige u. Gerhilde (beide nach dem Tann laufend).
Hm. u. G.
(ab)
Ho-jo-to-ho!
Ho-jo-to-ho! [229]
Siegrune u. Roßweiße.
Sgr. u. R.
(Siegrune u. Roßweiße laufen ihnen nach.)
Ho-jo - to-ho!
Ho-jo-to-ho! [229]
Waltraute
Wlt.
Heia - ha!
Heia - ha!
Heia - ha!
Grimgerde
Gr.
Heia - ha!
Heia - ha!
Heia - ha!
Schwertleite
Sch.
Heia - ha!
Heia - ha!
Heia - ha!
f Hbl. Hr.
Trp.
fp
Str.
Waltraute (in den Tann blickend).
Zu Grun- - - - -de stürzt
Hbl.
cresc.
più cresc.
Pos.
Gra- - - - -ne, der Star- - - -ke!
V. Orch.
ff Tamtam.

Grimgerde
Gr.
Aus dem Sat-tel hebt sie ha-stig das Weib!
Str Hr.
dim.
p
cresc.
(Alle in den Tann laufend.)
Ortlinde
O.
Schwe - ster! Schwe - ster! was ist ge - schehn?
Waltraute
Wlt.
Schwe - ster! Schwe - ster! was ist ge - schehn?
Grimgerde
Gr.
Schwe - ster! was ist ge - schehn?
Schwertleite
Sch.
Schwe - ster! Schwe - ster! was ist ge - schehn?
Hbl. Str. Hr.
ff V. Orch.
(Alle Walküren kehren auf die Bühne zurück; mit ihnen kommt Brünnhilde, Sieglinde unterstützend und hereingeleitend.)
Schnell und heftig.
B. Alles sehr schnell und immer drängend.
f
Brünnhilde (atemlos)
B.
Schützt mich, und helft in höchster
più f
ff

B.
Not!
Zum er-stenmal
Helmwige
Hm.
Woher in rasender Hast?
Gerhilde
G.
Wo rittest du her in rasender Hast?
Siegrune
Sgr.
Woher in rasender Hast? bist du in Flucht?
Grimgerde
Gr.
Wo rittest du her in ra - sender Hast?
Ortlinde
O.
So flieht nur wer auf der Flucht!
Waltraute
Wlt.
So flieht nur wer auf der Flucht!
Roßweiße
R.
So flieht nur wer auf der Flucht!
Schwertleite
Sch.
So flieht nur wer auf der Flucht!
Str.
p
cresc.
Hr.
Hbl. Hr.
f Str.
p
B.
flieh ich und bin ver - folgt:
Heer - va - ter hetzt mir
Fl. Ob.
f
p

B.
nach.
Helmwige. (Alle Walküren heftig erschreckend.)
Hm.
Bist du von Sinnen? Sa-ge uns! Wie? Fliehst du vor ihm? [232]
Ortlinde
O.
Ha! Sprich! Verfolgt dich Heerva-ter? O sag!
Gerhilde
G.
Bist du von Sinnen? Sa-ge uns! Wie? Fliehst du vor ihm? [232]
Waltraute
Wlt.
Ha! Sprich! Verfolgt dich Heerva-ter? O sag! [232]
Siegrune
Sgr.
Bist du von Sinnen? Sa-ge uns! Wie? Fliehst du vor ihm? [232]
Roßweiße
R.
Ha! Sprich! Verfolgt dich Heerva-ter? O sag! [232]
Grimgerde.
Gr.
Bist du von Sinnen? Sa-ge uns! Wie? Fliehst du vor ihm? [232]
Schwertleite
Sch.
Ha! Sprich! Verfolgt dich Heerva-ter? O sag! [232]
ff V. Orch.
p Str.
Vl. Hr.
f p
B. Fg.
(Brünnhilde wendet sich ängstlich, um zu spähen, und kehrt wieder zurück.)
Hbl.
f
Pos.
dim.

Brünnhilde
B.
O Schwestern, späht von des Fel - sens Spi - tze! Schaut nach
p Str.
Hr.
Pos.
Nor - den, ob Wal - va - ter naht?
Str.
cresc.
Fg.
Vc.
(Ortlinde und Waltraute springen auf die Felsenspitze zur Warte.)
f
più f
Brünnhilde.
Schnell! Seht ihr ihn schon? [233]
ff
Vl.
dim.
più p
Ortlinde
O.
[naht]
Ge - wit - tersturm weht von
Str.
pp
B. Fg.
p

Waltraute
Wlt.
Star - kes Ge - wölk staut sich dort
O.
Nor - - den.[238]
pp
p
Wlt.
auf![237]
pp
Pos.
cresc.
Helmwige u. Gerhilde
Hm. u. G.
Heer- - va - ter rei- - tet sein hei - - li- ges Roß!
Siegrune u. Roßweiße
Sgr. u. R.
Heer- - va - ter rei- - tet sein hei- - - li- ges Roß!
Grimgerde u Schwertleite.
Gr. u. Sch.
Heer- - va - ter rei- - tet sein hei- - - li- ges Roß!
p
B. Fg.
cresc.

Brünnhilde
B.
Der wil - - de Jä - ger, der wü - - tend mich
p
cresc.
B. Sehr drängen
jagt er naht, er naht von Nor - - den!
Hbl. Hr.
Schützt mich, Schwestern! Wah - ret dies Weib!
Helmwige u. Gerhilde
Hm. u. G.
Was ist mit dem
Siegrune u. Roßweiße
Sgr. u. R.
Was ist mit dem
Grimgerde u. Schwertleite
Gr. u. Sch.
Was ist mit dem
Hbl. Hr.
Str.
f
p
Str.
f Hbl. Hr.

B.
Hört mich in Ei - le: Sieg - lin - de ist es, Sieg - munds
Hm. u. G.
Wei - be? [236]
Sgr. u. R.
Wei - be? [236]
Gr. u. Sch.
Wei - be? [236]
Streng im Zeitmaß
Str.
Schwe - ster und Braut: ge - gen die Wäl - sun - gen
wü - tet Wo - tan in Grimm; dem Bru - der soll - te
Brünn - hil - de heut ent - zie - hen den Sieg; doch
cresc.

B.
Sieg-mund schützt' ich mit mei-nem Schild, tro - tzend dem Gott; der
mf
f
f
traf ihn da selbst mit dem Speer: Siegmund fiel; doch ich
f
f
p
floh fern mit der Frau; sie zu ret - - ten
p
cresc.
eilt ich zu euch ob mich Ban - - -
f
- ge auch ihr ber-get vor dem stra - fenden Streich! [239]
(kleinmütig)
Str.
p
cresc.
p
cresc.

Helmwige (Alle in größter Bestürzung.)
Hm.
Be - tör - - - te Schwe - ster, was ta - - - test du?
Gerhilde
G.
Be - tör - - - te Schwe - ster, was ta - - - test du?
Siegrune
Sgr.
Be - tör - - - te Schwe - ster, was ta - - - test du?
Roßweiße
R.
Be - tör - - - te Schwe - ster, was ta - - - test du?
Grimgerde
Gr.
Be - tör - - - te Schwe - ster, was ta - - - test du?
Schwertleite
Sch.
Be - tör - - - te Schwe - ster, was ta - - - test du?
Hbl. Hr.
ff
Trp.
più f
Pos.
B. Pos.
fp
Pk.
p
Hm.
We - - he! Brünn - - hil - - de, we - - he!
G.
We - - he! Brünn - - hil - - de,
Sgr.
We - - he! Brünn - - hil - - de, we - - he!
R.
We - - - - - - he! Brünn - - hil - - de,
Gr.
We - - he! Brünn - - hil - - de, we - - he!
Sch.
We - - he! We - - he! Brünn - - hil - - de,
Hbl. Hr.
Str.
f
p

Hm.
G.
Sgr.
R.
Gr.
Sch.
Brach un - ge-hor - sam Brünn - hil - de
we - he! Brachst du Heer - va - ters
Brach un - ge-hor - sam Brünn - hil - de
we - he! Brachst du Heer - va - ters
Brach un - ge-hor - sam Brünn - hil - de
we - he! Brachst du Heer - va - ters
f p ff Pos. p ff p
Waltraute (auf der Warte)
Wlt.
Näch - tig
Heer - va-ters hei - lig Ge - bot?
hei - lig Ge - bot?
Heer - va-ters hei - lig Ge - bot?
hei - lig Ge - bot?
Heer - va-ters hei - lig Ge - bot?
hei - lig Ge - bot?
fp fp cresc. f f Pos. ff p Str. B. Fg.

Wlt.
zieht es von Nor- -den her - an.[244]
Ortlinde (auf der Warte).
O.
Wü- - - -tend
O.
steu- - -ert hie- -her der Sturm.[244]
p
p
Roßweiße, Grimgerde u. Schwertleite (zu drei).
[R.240 G.u.Sch.244]
R.
Gr.
Sch.
Wild wie- - -hert Wal- -va - ters Roß!
p
p
Ob. Hr.
fp
fp
Helmwige, Gerhilde u. Siegrune (zu drei, dem Hintergrund zugewendet).
[H. 240 G. 244 S. 239]
Hm.
G.
Sgr.
Schreck- -lich schnaubt es da - her.
Str.
p
p
cresc.
cresc.
12/8

ff
Brünnhilde
B.
We-he der Ar - - men, wenn Wo - - - tan sie trifft: den
f
Str. p
Wäl - - sun-gen al - - len droht er Ver - der - - ben! _
cresc.
Wer leiht _ mir von euch das leich-te-ste Roß, das flink die Frau ihm ent-
f Hbl. Hr.
p Str.
führ?
Siegrune
Sgr.
Auch uns rätst du ra - senden Trotz? [244]
Hbl. Hr.
Str. Bl.
f
più f

Brünnhilde
B.
Roßwei - ße, Schwester, leih mir dei-nen Renner!
Roßweiße
R.
Vor Wal - va - ter floh der
Str. p
f
Brünnhilde
B.
Helmwi - ge, hö-re!
Helmwige.
Hm.
Dem Va - ter gehorch ich.[244]
R.
fliegende nie.[244]
f
p
cresc.
Brünnhilde
B.
Grimger-de! Gerhil-de! Gönnt mir eu'r Roß! Schwertlei-te! Sieg-ru-ne! Seht meine Angst!
p
cresc.
B.
O seid mir treu, wie traut ich euch war: ret - - - -
f Hbl. Hr.
Str. p
cresc.

ritard.
B.
- tet dies trau - ri - ge Weib!
(Sieglinde, die bisher finster und kalt vor sich hingestarrt, fährt, als Brünnhilde sie lebhaft – wie zum Schutze – umfaßt, mit einer abwehrenden Gebärde auf.)
Schnell.
Str.
f Hbl. Hr. ritard.
ff
fz Bl.
Sieglinde
Sl.
Langsamer.
Nicht seh - re dich Sor - ge um mich: ein - zig taugt mir der
B. dim.
p
Str. pizz. pp
Engl. H. Fg.
pp
Tod. – Wer hieß dich Maid, dem Harst mich ent - führen? Im Sturm dort hätt ich den Streich emp -
Engl. H. Fg.
pp B.
p Hr. (gestopft)
fahn von dersel - ben Waffe, der Siegmund fiel: das En - de fand ich ver - eint mit
ten.
p Hbl. Hr.
poco cresc.
espr.
molto cresc.
Allmählich etwas bewegter
ihm! – Fern von Siegmund – Sieg - mund, von
ff Hr.
ffp
Str.
fp
cresc.

Lebhaft
Sl.
dir! O deckte mich Tod, daß ich's den-ke! Soll um die
Hbl. Hr.
Str.
ff
dim.
p Engl. H. Fg.
p Str.
Flucht dir Maid ich nicht flu - chen, so er - hö - re hei - lig mein
Hbl.
p cresc.
Vl.
Vc.
molto
Fle - hen: sto - ße dein Schwert mir ins
cresc.
più f
Bl. Trp.
ff
Brünnhilde
B. Auf diesem f (Lebe) soll etwas angehalten werden.
Le - be, o Weib, um der Lie - be
Herz!
Belebt
Str.
p
Bl.
cresc.
f
dim.

stark und drängend
B.
wil - len! Ret - te das Pfand, das von ihm du empfingst: ein Wälsung wächst dir im
string.
Str.
p
cresc.
f
Schoß! [245]
(Sieglinde erschrickt zunächst heftig: sogleich strahlt aber ihr Gesicht in erhabener Freude auf.)
Sehr schnell und heftig
Str.
f
Hr. Trp.
Pos.
ff
Sieglinde
Sl.
Ret - - te mich, Küh - ne!
Hr. Hbl.
Trp. Pos.
fp
Str.
Hbl.
Hr.
ff
Ret - - te mein Kind! Schirmt mich, ihr
fp
Pos.
Mäd - chen, mit mäch - tig - stem Schutz! [245]
(Immer finstereres Gewitter steigt im Hintergrunde auf; nahender Donner.)
cresc.
p B. Fg. Pk.

Waltraute (auf der Warte)
Wlt.
Der Sturm kommt her - an! [248]
fp Pos.
p
Ortlinde (auf der Warte)
O.
Flieh, wer ihn fürch - tet! [253]
fp
p
Gerhilde
G.
Fort mit dem Wei - be, droht ihm Gefahr: der Walküren kei - ne
Helmwige
Hm.
Fort mit dem Wei - be, droht ihm Ge - fahr: Kei - ne
Roßweiße
R.
Fort mit dem Wei - be, droht ihm Gefahr: der Walküren kei - ne
Siegrune
Sgr.
Fort mit dem Wei - be, droht ihm Ge - fahr: Kei - ne
Grimgerde
Gr.
Fort mit dem Wei - be, droht ihm Gefahr: der Walküren kei - ne
Schwertleite
Sch.
Fort mit dem Wei - be, droht ihm Ge - fahr: Kei - ne
fp Ob. Hr.
cresc.
f
Trp. Pos.
f

Sieglinde (auf den Knien vor Brünnhilde)
Sl.
Ret - te mich, Maid!
G.
wag ih - ren Schutz! [248]
Hm.
wag ih - ren Schutz! [248]
R.
wag ih - ren Schutz! [248]
Sgr.
wag ih - ren Schutz! [247]
Gr.
wag ih - ren Schutz! [247]
Sch.
wag ih - ren Schutz! [247]
Hbl.
fp
Str.
fp
cresc.
f
B. Hier soll der Dirigent erst, nachdem die Sängerin der Sieglinde das Wort „Mutter“ ausgesungen hat, mit dem Orchester einsetzen.
ret - - - - - - te die Mut - ter!
più f
Str.
ff
Hr. Pos. Trp.
Brünnhilde (hebt mit lebhaftem Entschluß Sieglinde auf)
B.
So flie - he denn
più ff
V. Orch.

B.
ei-lig_ und fliehe al-lein! ich_ blei-be zurück, bie-te mich Wo-tans
p Hbl. Hr.
p cresc.
f
Rache: an mir zög'r ich den Zür-nenden hier, während du_
Hr.
Ob.
Str. p
cresc.
Hbl. f Hr.
_ sei-nem Ra-sen ent-rinnst.
Sieglinde
Sl.
Wo-hin soll ich mich
Str. Hr.
p
B. u. Fg.
fp
Pos.
Wer von euch Schwe-stern schweif-te nach
wen-den? [251]
p Hr.
f

B.
O-sten?
Siegrune
Sgr.
Nach O - sten weit - hin dehnt sich ein Wald: der Nib - lungen
p decresc. - - - - più p
Pk. Fg.
Fg.
pp
Hort ent-führ - te Faf - ner dorthin.
Schwertleite
Sch.
Wurmes Gestalt schuf sich der Wil - de:
Kl. Hr.
p
Pk.
p
Fg.
in ei-ner Höh - le hü - tet er Al - be-richs Reif!
Grimgerde
Gr.
Nicht ge - heur ist's
Br.
p
Pos.
B. Hr. Fg.
Brünnhilde
Und doch vor Wo - tans Wut
dort für ein hülf - los Weib
immer p
p
p

B.
schützt sie si - cher der Wald: ihn scheut der Mächt' - ge und mei - det den
p
poco cresc.
Waltraute (auf der Warte)
Wlt.
Furcht - - bar fährt dort Wo - tan zum Fels! [253]
B.
Ort.
Gerhilde u. Helmwige
G. u. Hm.
Brünn - - hil - de,
Roßweiße u. Siegrune
R. u. Sgr.
Brünn - - hil - de,
Grimgerde u. Schwertleite
Gr. u. Sch.
Brünn - - hil - de,
Pos.
più cresc.
f
cresc.
hör seines Na - hens Ge - braus! [253]
hör seines Na - hens Ge - braus! [253]
hör seines Na - hens Ge - braus! [253]
più f
ff
Pk.
Pos.

Sehr lebhaft und schnell
Brünnhilde (Sieglinden die Richtung weisend)
drängend
Fort denn ei-le, nach O-sten ge-wandt! Mu-ti-gen Tro-tzes er-
trag al-le Mühn, Hun-ger und Durst, Dorn und Ge-stein;
Etwas zurückhaltend.
drängend
la-che, ob Not, ob Lei-den dich nagt! Denn
ei-nes wiß' und wahr' es immer: den hehr-sten
Hel-den der Welt hegst du, o Weib, im schir-menden
Hbl. Hr.
Str.
poco cresc.
più cresc.
Str. pizz.
gut gehalten
Hr. Fg. Eng. H.
gut ge-halten

(Sie zieht die Stücken von Siegmunds Schwert unter ihrem Panzer hervor und überreicht sie Sieglinde.)
B.
Schoß!
p
cresc.
Vc.
Trp.
f
dim.
Verwahr ihm die star - ken Schwer - tes-
Str.
p
Stü - cken; sei-nes Va - ters Wal - statt ent - führt ich sie glück-lich:
Ob.
p
Hr.
der neu - ge - fügt das Schwert einst schwingt, den
Hbl.
cresc.
Str.
Vc.
Na - men nehm er von mir
Sieg
molto cresc.
Hbl.
Hr.
Pos.
Pk.

B.
fried er - freu sich des Siegs.
[254]
acceler.
Str.
molto cresc.
Hr.
Btrp.
f
molto
Sieglinde (in größter Rührung).
B. Breit.
Sl.
O hehr - - - - -
8
cresc.
Str.
Hbl.
Pos.
ff
B. Drängend.
- - - - - stes Wun - - - - - - - der!
fp
cresc.
B. Breit.
B. Drängend.
Herr - - - - - - lich - ste Maid! Dir
f
più f
ff p
cresc.

Sl.
Treu-en dank ich hei - li-gen Trost! Für ihn, den wir
lieb - ten, rett ich das Lieb - ste: meines Dan-kes Lohn
la - - che dir einst! Le - be wohl! dich
seg - - - - - - net Sieg - lin - des
Weh! [⊕]
Stürmisch.
(Sie eilt rechts im Vordergrunde von dannen.) (Die Felsenhöhe ist von schwarzen Gewitterwolken
Ob.
Hr.
Hr. Fg.
Str.
cresc.
string.
Hbl.
Trp.
Bl.
Pos. Str.

umlagert; furchtbarer Sturm braust aus dem Hintergrunde daher: wachsender Feuerschein rechts daselbst.)

Brünnhilde, nachdem sie eine Weile Sieglinden nachgesehen, wendet sich in den Hintergrund, blickt in den

Tann und kommt angstvoll wieder vor.)
Brünnhilde
B.
Ach Schwe - stern,
O.
Brünn - hild! Ra - - - che ent - - brennt!
Wlt.
Brünn - hild! Ra - - - che ent - - brennt!
Hm.
Ra - - - che ent - brennt!
G.
Ra - - - che ent - brennt!
Sgr.
Ra - - - che ent - brennt!
R.
Brünn - hild! Ra - - - che ent - - brennt!
Gr.
Ra - - - che ent - brennt!
Sch.
Brünn - hild! Ra - - - che ent - - brennt!
f
fp
ff
dim.
helft! mir schwankt das Herz! Sein Zorn zer -
Str.
p
cresc.
B.
Fg.

B.
schellt mich, wenn eu - er Schutz ihn nicht zähmt.[267]
Helmwige.
Hm.
Hie - her, Ver
f Pos.
p
cresc.
f
(Die Walküren flüchten ängstlich nach der Felsenspitze hinauf; Brünnhilde läßt sich von ihnen nachziehen.)
lor - - - ne! Laß dich nicht sehn,
Ortlinde
O.
Laß dich nicht sehn. Hie - her
Gerhilde
G.
Hie - her! Schmie - - ge dich an
Waltraute
Wlt.
Hie - her!
Siegrune
Sgr.
Hie - her! Ver - - lor - - - - ne!
Roßweiße
R.
Hie - her! Laß dich nicht sehn
Grimgerde
Gr.
Hie - her!
Schwertleite
Sch.
Hie - her! Schmie - - ge dich an
f
f
f

Hm.
schmie - - - ge dich an uns!
O.
und schwei - - - - - ge dem Ruf!
G.
uns! Hie - her zu uns!
Vlt.
Schmie - - ge dich an uns!
(Sie verbergen Brünnhilde unter sich, und blicken ängstlich nach dem Tann, der jetzt
Sgr.
und schwei - - - - - ge dem Ruf!
R.
und schwei - - - - - ge dem Ruf!
Gr.
Schmie - - ge dich an uns!
Sch.
uns und schwei - - - - - ge dem Ruf!
f
ff
ff
B.
Fg.
KBT.
von grellem Feuerschein erhellt wird, während der Hintergrund ganz finster geworden ist.)

Helmwige
Hm.
Weh! wü - - tend schwingt sich Wo - - tan vom
Ortlinde
O.
Weh! wü - - tend schwingt sich Wo - - tan vom
Gerhilde
G.
Weh! wü - - tend schwingt sich Wo - - tan vom
Waltraute
Wlt.
Weh! wü - - tend schwingt sich Wo - - tan vom
Siegrune
Sgr.
Weh! wü - - tend schwingt sich Wo - - tan vom
Roßweiße
R.
Weh! wü - - tend schwingt sich Wo - - tan vom
Grimgerde
Gr.
Weh! wü - - tend schwingt sich Wo - - tan vom
Schwertleite
Sch.
Weh! wü - - tend schwingt sich Wo - - tan vom
Kl. Ob. Hr.
più ff
Pos.

Hm.
Roß! Hie - - her rast sein rä - - chender
O.
Roß! Hie - - her rast sein rä - - chender
G.
Roß! Hie - - her rast sein rä - - chender
Wlt.
Roß! Hie - - her rast sein rä - - chender
Sgr.
Roß! Hie - - her rast sein rä - - chender
R.
Roß! Hie - - her rast sein rä - - chender
Gr.
Roß! Hie - - her rast sein rä - - chender
Sch.
Roß! Hie - - her rast sein rä - - chender
più ff
Ob. Hr.
string.

Zweite Szene

W.
Wagt ihr, die Bö - - - - - se vor mir zu ber - - - gen?
più f
Helmwige
Hm.
Schreck - lich er - tost dein To - - - - - - ben! was
Gerhilde
G.
Schreck - lich er - tost dein To - - - - - - ben!
Ortlinde
O.
Schreck - lich er - tost dein To - - - - - - ben! was
Waltraute
Wlt.
Schreck - lich er - tost dein To - - - - - - ben!
Siegrune
Sgr.
Schreck - lich er - tost dein To - - - - - - ben! was
Roßweiße
R.
Schreck - lich er - tost dein To - - - - - - ben!
Grimgerde
Gr.
Schreck - lich er - tost dein To - - - - - - ben! was
Schwertleite
Sch.
Schreck - lich er - tost dein To - - - - - - ben!
Vl.
ff p cresc.
Pk. Br. Vc. KB.
Pos.
ff dim.

Hm.
ta - ten, Va-ter, die Töch-ter, daß sie dich reiz-ten zu ra - sender Wut? [263]
G.
p
wer reiz - - - te dich zu ra - sender Wut? [263]
C.
ta - ten, Va-ter, die Töch-ter, daß sie dich reiz-ten zu ra - sender Wut? [263]
Wlt.
p
wer reiz - - - te dich zu ra - sender Wut? [263]
Sgr.
ta - ten, Va-ter, die Töch-ter, daß sie dich reiz-ten zu ra - sender Wut?
R.
p
wer reiz - - - te dich zu ra - sender Wut?
Gr.
ta - ten, Va-ter, die Töch-ter, daß sie dich reiz - ten zur Wut?
Sch.
p
wer reiz - - - te dich zu ra - sender Wut?
Wotan.
W.
Wollt ihr mich
Vl.
p
Str.
cresc.
molto cresc.
Hbl.
Hr.
B.
W.
höh - - - nen? Hü - - - - tet euch, Fre - che!
f
fp
Hbl. Hr.
ff
Str.
f

W.
Ich weiß: Brünn - hilde bergt ihr vor mir.
sf
p
cresc.
più f
W.
Wei - - chet von ihr, der e - wig Ver - worf - nen, wie ih - ren Wert von sich sie
ff
Pos.
Str. ff
ff
f
Pos.
Sgr.
Siegrune
p
Un - sern
R.
Roßweiße
Zu uns floh die Ver - folg - - te,
Gr.
Grimgerde.
p
Un - sern
Sch.
Schwertleite
p
Un - sern
W.
warf! [264]
Str. ff
legato
p

Waltraute
Wlt.
Mit Furcht und Za - - gen faßt sie dein
Sgr.
Schutz fleh-te sie an: Furcht und Za -
R.
un - sern Schutz fleh - te sie an;
Gr.
Schutz fleh - te sie an: mit Furcht und
Sch.
Schutz fleh-te sie an: mit Furcht und Za -
poco cresc.
Helmwige
Hm.
Laß dich er - wei -
Gerhilde
G.
Laß dich er - wei - chen, laß
Ortlinde
O.
Va - ter, hör uns flehn!
Wlt.
dringend
Zorn: für die ban - ge Schwe - ster, bit - ten wir nun, daß den
Sgr.
- gen faßt die Ver - folg - te!
R.
für die ban - ge Schwe - ster bit - ten wir nun,
Gr.
Za - gen faßt sie dein Zür - nen; für die
Sch.
gen faßt sie dein Zür - nen;
Ob.
Fl. Ob.
dim.
cresc.

Hm.
- - - chen für sie, zäh - - - me dei - nen Zorn![272]
G.
dich er - wei - - - - - - - - chen![272]
O.
Laß dich er - wei - - chen![272]
Wlt.
er - - sten Zorn du be-zähmst![272]
Sgr.
Zäh - cresc. - me den er - - sten Zorn![272]
R.
daß den er - - sten Zorn du be - zähmst![272]
Gr.
Ban - - ge bit - - - - ten wir dich![272]
Sch.
für die Ban - - ge bit - ten wir dich![272]
Hr.
più f
Wotan
W.
Weich - her- zi-ges Wei-ber-ge-zücht! So mat-ten Mut gewannt ihr von
Pos.
Str.
cresc.
allmählich etwas zurückhaltend
mir? Er - zog ich euch kühn, zum Kampfe zu ziehn, schuf ich die Her-zen euch
Btrp. Pos.
Str.
cresc.

W.
hart und scharf, daß ihr Wil-den nun weint und greint, wenn mein Grimm ei-ne Treu-lo-se
f
p
straft?
Etwas breiter, doch nicht gedehnt
Str.
ff
Pos.
p
So wißt denn, Win-selnde, was die ver-
brach, um die euch Za-gen die Zähre ent-brennt:
kei-ne wie sie kann-te mein in-ner-stes
Str.
Str. pizz.
Sin-nen;
Str.
(Bogen)
kei-ne wie sie wuß-te den Quell meines
Wil-lens!
Sie selbst war mei-nes Wunsches schaffender

W.
Schoß:
und so nun brach sie den se-li-gen Bund, daß treu-los
Str. Pos.
ff
dim.
p
sie meinem Wil-len ge-trotzt, mein herr-schend Ge-bot of-fen ver-höhnt, gegen mich die
Str.
cresc.
Waf-fe gewandt, die mein Wunsch al-lein ihr schuf!
Btrp. Pos. Tb.
fp
Str.
f
più f
Hörst du's, Brünn-hil-de? Du, der ich Brünne, Helm und Wehr, Won-ne und
Trp.
Pos.
Str.
Huld, Na-men und Le-ben ver-lieh? Hörst du mich Kla-ge er-
Pos. Fag.
fp
B.

W.
he-ben und birgst dich bang dem Kläger, daß feig du der Straf ent - flöhst?
Str. pizz.
Langsamer
p
p Pk.
(Brünnhilde tritt aus der Schar der Walküren hervor, schreitet demütigen, doch festen Schrittes von der Felsenspitze
Kl. p
pp
Br.
Fg.
herab und tritt so in geringer Entfernung vor Wotan.)
Brünnhilde
B.
Hier bin ich, Va - ter: ge-bie-te die
Kl.
Vc.
Bkl.
pp
Str. pizz.
Stra-fe! [270]
Wotan
Nicht straf ich dich erst: dei-ne Strafe schufst du dir
Wieder etwas belebter
Str. Hr. KBT.
ff
f Str.
f
selbst. Durch meinen Wil - len warst du al - lein: gegen mich doch hast du ge -
Str. Pos. Pk.
mf
Hr. Fg.

W.
wollt; meinen Be - fehl nur führ-test du aus: gegen
p cresc. Pos. f p Hr. Fg.
ihn doch hast du be - foh - len;
p cresc. Pos. Hr. f
Wunsch-maid
p
warst du mir: gegen mich doch hast du ge - wünscht;
sf Hr. cresc. Pos. f
Schild - maid
p
warst du mir: gegen mich doch hobst du den Schild;
p sf Trp. cresc. Pos. f p Hr.
Los - kieserin
warst du mir: gegen mich doch kiestest du Lo - se;
p sf cresc. Trp.

W.
Hel - den-rei - ze-rin warst du mir:
gegen mich doch reiztest du
f
dim.
p
Hel - den.
Was
f
ff
Pos.
Str. Fg.
dim.
p
sonst du warst, sag - te dir Wo - tan: was jetzt du bist, das sa - ge dir
pp
Pos.
Pk.
selbst!
Wunschmaid bist du nicht mehr;
gedehnt
Wal -
Str.
molto cresc.
Pk.
ff
Pos.
pp
kü - re bist du ge - we - sen:
scharf
nun sei fort-an, was so du noch
Pos.
pp
f
Str.
ff

(Brünnhilde heftig erschreckend.)
Brünnhilde
B.
W.
bist!
Schnell
Hbl. Str. Trp. Pos.
Pk.
ff
Du ver-
più f
stö - ßest mich?
ver-steh ich den Sinn? [272]
B. Immer zornig erregt und nie pathetisch.
Nicht send ich dich mehr aus
fp
Str.
f
Pk.
dim.
più
Wal - hall; nicht weis' ich dir mehr Hel - den zur Wal; nicht
sehr getragen
Hbl.
Blechbl.
pp
Str.
p
führst du mehr Sie - ger in mei - nen Saal: bei der
Trp.
immer pp
Pos.
cresc.
f
trem.

W.
Göt - ter trau - - tem Mah - - - le das Trink - horn nicht
dim.
Str.
Hbl.
pp
Blechbl.
Str.
reichst du trau - lich mir mehr; nicht kos ich dir mehr den
p
Pos. Btrp.
pp Pk.
Ob.
Fg.
kin - - di-schen Mund; von gött - - li-cher Schar bist du ge -
Fl. Kl.
cresc.
Pos.
Ob. Eng. H.
più
schie - den, aus - - ge - sto - ßen aus der E - wi - gen Stamm: ge
trem.
f
Pos.
p
Str.
Pk.
cresc.
bro - chen ist un - ser Bund, aus meinem An - - gesicht
Pos. Trp.
ff
p cresc.

(Die Walküren verlassen in aufgeregter Bewegung ihre Stellung, indem
Helmwige u. Gerhilde
Hm. u. G.
We - - - - - he! Weh!
Ortlinde u. Waltraute
O. u. Wlt.
We - - - - - he! Weh!
Siegrune u. Roßweiße
Sgr. u. R.
We - - - - - he! Weh!
Grimgerde u. Schwertleite
Gr. u. Sch.
We - - - - - he! Weh!
W.
bist du ver-bannt.
Pk.
V. Orch. ohne Hrnr.
Hr.
sie sich etwas tiefer herabziehen.)
Brünnhilde
B.
Nimmst du mir
Schwe - - ster, ach Schwe - - - - - - - - ster! [274]
dim.

B.
W.
al - - les, was einst du gabst? [288] Wotan
Der dich
Str.
p
zwingt, wird dir's ent - ziehn!
Hbl.
f
p
Pos.
Hie - - her auf den Berg
Fl. Ob. Eng. H. Fg.
ban - ne ich dich; in wehr - - lo - - sen
pp
ein wenig zurückhalten
grell
Schlaf schlie-ße ich dich: der Mann dann fan-ge die
mf Bkl.
dim.
Pos.
B. Fg.
Str.
cresc.

Waltraute
Wlt.
Halt
W.
Maid, der am We-ge sie fin-det und weckt. [282]
a tempo
Str.
f
p
Hr.
Helmwige
Hm.
Halt ein den Fluch!
Ortlinde
O.
O Va - ter! halt ein!
Gerhilde
G.
Halt ein den Fluch!
(In höchster Aufregung kommen sie von der Felsenhöhe ganz herab und umgeben in ängstlichen Gruppen Brünnhilde, welche halb knieend vor Wotan liegt.)
Wlt.
ein, halt ein!
Siegrune
Sgr.
Halt ein den Fluch!
Roßweiße
R.
Halt ein den Fluch!
Grimgerde
Gr.
O Va - ter! Soll die Maid verblühn und ver-
Schwertleite
Sch.
O Va - ter! Soll die Maid verblühn und ver-
cresc.
Hbl.
f
Hr.
fp

Hm.
Halt ein! hör un - - ser
O.
Halt ein! hör un - ser
G.
O Va - - - ter! soll die
Wlt.
O Va - - - ter! soll die
Sgr.
Soll die Maid ver-blühn und ver - blei - chen dem Mann?
R.
Soll die Maid ver-blühn und ver - blei - chen dem Mann?
Gr.
blei - chen dem Mann? Ach wen - de
Sch.
blei - chen dem Mann? Soll die
f
Trp.
fp
Hr.
f
Trp.

Hm.
Flehn! wen - - - - - - - - - - - - de von
O.
Flehn! ach wen - de von ihr
G.
Maid ver-blühn und ver - blei - chen dem Mann? du
Wlt.
Maid ver-blühn und ver - blei - chen dem Mann? Ach
Sgr.
wen - - - - - - - de von
R.
Schreck - - li - - cher Va - - - - - - - ter!
Gr.
ab die schrei - - - en - - de Schmach! er-
Sch.
Maid ver-blühn und ver - blei - chen? Ach wen - - de ab die
fp
f
fp
fp
Hbl. Str.
Trp.
Ob. Kl.
Eng. H.

Hm.
ihr die schrei - - - - - en - de Schmach! Schreck - -
O.
die schrei - en - de Schmach! Schreck - - - li - cher
G.
schreck - - - li - cher, schreck - - - - li - cher Gott!
Wlt.
wen - de die Schmach! ach wen - de die schrei - en - de
Sgr.
ihr die schrei - - - - - en - de Schmach, Schreck - -
R.
wen - - - - de die Schmach! Schreck - - - - li - cher, wen - de, ach
Gr.
hö - - re uns! ach, wen - de, du Schreck - li - cher, wen - - -
Sch.
Schmach! ach wen - de, du Schreck - li - cher, wen - - - - de, ach
fp
fp
f
fp
Trp.
cresc.

Hm.
- - li-cher Gott! wen - - - - de von ihr die schrei - - -
O.
Gott, wen - - - - - de die Schmach, Schreck - - - li-cher!
G.
wen - - - - - de die Schmach, Schreck - - - - - li-cher, ach
Wlt.
Schmach! wen - - - - - de die Schmach, ach wende, Schrecklicher, die
Sgr.
- - li-cher, wen - de von ihr die schrei-en-de Schmach, ach
R.
wen - - - - - de die schrei - en - de Schmach von ihr,
Gr.
- - de, ach wen - de von ihr die-se schrei - en-de Schmach,
Sch.
wen - de von ihr die-se schrei-en-de Schmach, ach wen - de die

Hm.
- - en-de Schmach! Wie die Schwe - ster träf uns
O.
ach wende, wen - de die Schmach von
G.
wen - de die Schmach! Wie die Schwe - ster träf uns auch der
Wlt.
Schmach, ach wende, wen - de die Schmach, wie die
Sgr.
wen - de die Schmach! Wie die Schwe - ster trä - fe uns sel - ber der
R.
ach wende, wen - de die Schmach, wie
Gr.
wend ab die Schmach! Wie die Schwe - ster trä - fe uns sel - ber der
Sch.
Schmach! ach wende, wen - de die Schmach,
ff
più f
Hbl. Hr. Trp.

Hm.
auch ihr
O.
ihr, wie sie trä - fe uns auch ihr
G.
Schimpf, soll die hei - li - ge Maid ver - blühn und ver - blei - chen dem Mann;
Wlt.
Schwe - - - ster träf uns auch ihr
Sgr.
Schimpf, soll die hei - li - ge Maid ver - blühn und ver - blei - chen dem Mann;
R.
sie auch trä - - - fe uns ihr
Gr.
Schimpf, soll die hei - li - ge Maid ver - blühn und ver - blei - chen dem Mann;
Sch.
wie sie träf uns ihr
8

Hm.
Schimpf; wie die Schwester träf uns selbst auch ihr Schimpf! [285]
O.
Schimpf; wie die Schwester träf uns selbst auch ihr Schimpf! [285]
G.
wie die Schwester träf uns selbst auch ihr Schimpf! [285]
Wlt.
Schimpf; wie die Schwester träf uns selbst auch ihr Schimpf! [285]
Sgr.
wie die Schwester träf uns selbst auch ihr Schimpf! [285]
R.
Schimpf; wie die Schwester träf uns selbst auch ihr Schimpf! [285]
Gr.
wie die Schwester träf uns selbst auch ihr Schimpf! [285]
Sch.
Schimpf; wie die Schwester träf uns selbst auch ihr Schimpf! [285]
ff
ff
ff
ff
f
Pos.
B. Fg.

Wotan
W.
Hör - - tet ihr nicht, was ich ver - hängt?
Str.
ff
dim.
p
Btrp.
Pos.
KBTb.
p ff
Pk.
Aus eu - rer Schar ist die treu - lo - se Schwe - ster ge - schie - den;
Str.
p
ff
Btrp.
Pos.
KBT.
mit euch zu Roß durch die Lüf - te nicht rei - tet sie län - ger;
p
Str.
ff
die magd - - - - liche Blu - me ver-
ff p
trem.
B.

W.
blüht der Maid; ein Gat - te ge - winnt ih - re weib - liche Gunst;
Eng.H. Kl.
Fg.
Horn (gestopft)
Pk.
Kl. Fg. Hr.
cresc.
dem her - - ri-schen Man - - ne gehorcht sie fort -
Vl.
Ob. Hr. Kl. Fg. Eng. H.
Pos.
poco riten.
rall.(grell und etwas gedehnt.)
an, am Her - - de sitzt sie und
rall.
Str. Hbl.
Vl.
cresc.
Br. Bkl. Fg.
Hr.
riten.
(Brünnhilde sinkt mit einem Schrei zu
spinnt, al-ler Spottenden Ziel und Spiel!
riten.
a tempo
Str. Hbl. Pos.
Boden; die Walküren weichen entsetzt, mit heftigem Geräusch von ihrer Seite.)
Pos. Trp.
Str. Pos.

Wotan
W.
Schreckt euch ihr Los? So flieht die Ver-lor - - ne! Weichet von ihr und
Str. Trp. Pos.
ff
hal-tet euch fern! Wer von euch wag-te bei ihr zu wei-len, wer mir zum Trotz zu der
f
Trau-ri-gen hielt, die Tö-rin teil-te ihr Los: das künd ich der Kühnen an!
Fort jetzt von hier; meidet den Fel-sen! Hur-tig jagt mir von
Str.
Str. Pos.
hin-nen, sonst er - harrt Jam-mer euch hier! [290]
(Die Walküren fahren unter wildem Schrei
Lebhaft
9/8

auseinander und stürzen in hastiger Flucht in den Tann.)

(Schwarzes Gewölk lägert sich dicht am Felsenrande: man hört wildes Geräusch im Tann.)

(Ein greller Blitzesglanz bricht in dem Gewölk aus; in ihm erblickt man die Walküren mit verhängtem Zügel, in eine Schar zusammengedrängt, wild davonjagen.)

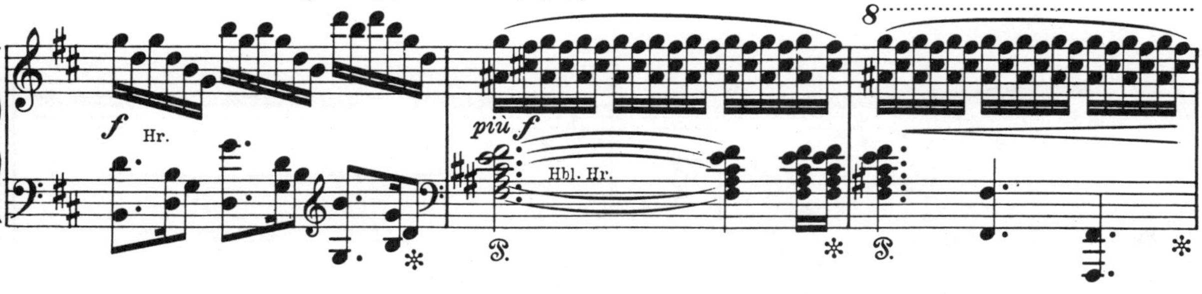

ff Pos. Trp.
Pos.
ff
(Bald legt sich der Sturm; die Gewitterwolken verzie-
Btrp.
Hr.
meno f
hen sich allmählich. In der folgenden Szene bricht, bei endlich ruhigem Wetter, Abenddämmerung ein, der am
dim.
Schlusse Nacht folgt.)
Btrp.
più dim.
Hr.
p
Vl.
più p
Vc.

pp
Bkl.
p
Allmählich etwas langsamer
pp
sehr ausdrucksvoll
mf
f
trem.
Str.
pp
ausdrucksvoll
Engl.H.
Fg.
dim.
p
pp
trem.
f
p

Dritte Szene

(Wotan und Brünnhilde, die noch zu seinen Füßen hingestreckt liegt, sind allein zurückgeblieben. Langes

B.
tief mir Er-nie-dri-gung schaffst?
War es so
Engl. H.
Kl.
Fg.
Vc.
ehr- - - - los, was ich be-ging, daß mein Ver-
cresc.
gehn nun die Eh- - - - re mir raubt?
(Sie erhebt sich allmählich bis zur knieen-den Stellung).
Ob.
Hbl.
O sag: Va - ter! Sieh mir ins Au-ge: schwei-ge den
Engl.H.
Bkl.
poco cresc.
Zorn, zäh-me die Wut, und deu-te mir hell die dunk - le
sehr ausdrucksvoll
più cresc.
dim.

poco accel.
B.
Schuld, die mit star-rem Tro-tze dich zwingt, zu ver-
Engl.H.
Ob.
pp
Str.
cresc.
trem.
sto-ßen dein trau-te-stes Kind.
rit.
Wotan (in unveränderter Stellung, ernst und düster).
W.
p
Frag dei-ne
f Hbl.
pp rit. Str.
p Str.
cresc.
f dim.
p
Belebend
Dei-nen Be-fehl führ-te ich
Tat, sie deu-tet dir dei-ne Schuld!
Belebend
Hr.
pp
Str.
aus. So
Be-fahl ich dir, für den Wäl-sung zu fech-ten?
fp
più p
Pos.
poco cresc.

B.
W.
hie-ßest du mich als Herrscher der Wal!
Doch mei-ne Wei-sung nahm ich wieder zu-
fp
Belebt
belebt
Als Fri-cka den eig-nen Sinn dir ent-frem - - det, da
rück!
sf
Str.
f
Ob.
E.H.
dim.
p
ih-rem Sinn du dich füg - - test, warst du sel - ber dir Feind.
Str.
p
sf
Wotan (leise und bitter).
Daß du mich ver-standen, wähnt ich, und strafte den wis-sen-den Trotz· doch
sf p
Str.

W.
feig und dumm dachtest du mich! So hätt ich Ver-rat nicht zu rä-chen; zu ge-
p
pp
ring wärst du mei-nem Grimm?
Etwas breit, wie im Anfang
Ob.
sf
p Engl.H.
Hbl.
Brünnhilde
B.
Nicht wei - - se bin ich, doch wußt ich das ei - ne, daß den
Belebend
Br. Fg.
Engl.H. Vl.
p cresc.
Vc.
Wäl - sung du lieb - - test. Ich wußte den Zwiespalt, der dich zwang, dies ei
rit.
p sehr langsam
bewegt
sf Ob.
Fl.
a tempo
trem.
rit.
lento dolce
pp Hr.
pp Str.
- ne ganz zu ver - ges-sen. Das an - - dre mußtest ein - zig du sehn, was zu
p
fp
fp

B.
schaun so herb schmerz - te dein Herz: daß Sieg - mund Schutz du ver-
Str.
fp
cresc.
f
p
sag-test.
Wotan
W.
Du wuß-test es so und wag-test dennoch den Schutz? [298]
Str.
Vc.
p cresc.
p
p
Vl.
p
Bkl.
Brünnhilde (leise beginnend)
Weil für dich im Au - ge das ei - - ne ich hielt, dem, im Zwange des
Vl.
Vc.
p
Br.
an-dren schmerzlich ent-zweit, rat - - - los den Rü-cken du wand - test!
Vc. Fg.
poco cresc.
mf
p dolce
Kl. Fg.

B.
Die im Kampfe Wo - - tan den Rücken be-wacht, die sah nun
Kr.
Ob. Bkl.
das nur, was du nicht sahst:
cresc.
sf
Hr.
p
Sieg - - - - - mund mußt ich sehn.
Belebend
Kl. Hr.
f
dim.
p cresc.
Pk.
Btrp. Pos.
Tod - kün - - dend trat ich vor ihn, gewahr - te sein
Engl. H. Hr. Ob. Bkl.
mf
p
p cresc.
Pk.
Btrp. Pos.
Str.
dim.
Au - - - ge, hör - - te sein Wort; ich ver-nahm des
Ob. Hr. Fg.

B.
Hel - - den hei - - - li - ge Not; tö - - nend er-
Trp. Pos.
klang mir des Tap - fer-sten Kla - - ge: frei - - e - ster
Ob. Hbl. Hr.
Lie - - be furcht - - ba - - res Leid, trau - - rig-sten
Ob.
Ob. Engl. H.
Str.
cresc.
Mu - - tes mäch - - tig - ster Trotz! Meinem Ohr er-
Kl. Hr.
Pos.
scholl, mein Aug er - schau - - te, was
dim.
Hbl. Hr.
più f
cresc.

tief im Bu - sen das Herz zu
dim.
ff
p
rall.
heil' - - gem Be - - ben mir traf.
Str.
più p
pp
Pos.
Br.
Tempo I
Vc.
Hrn.
K B. (pizz.)
Scheu und staunend stand ich in Scham.
B. Leise beginnen.
Ihm nur zu
Bkl.
B. Immer begeisterter.
belebend
die - - - nen konnt ich noch den - - ken: Sieg o-der
Vl.
dolce
cresc. poco a poco
fp
Kl.
Hbl. Hr.
Tod mit Sieg - - mund zu tei - - len: dies nur er-
poco f
Trp.

B.
kannt ich zu kie - - sen als Los!
più f
Trp.
ff
(langsam)
Der die-se Lie - - - - - -
Etwas breit.
Kl.
p dolce
Vc. KB.
dim. e rall.
più p
rall.
Fl. Hr. Fg.
Pk.
ppp trem.
sempre ppp
- be mir ins Herz ge - haucht, dem Wil - len, der dem
Ob.
p
trem.
pp
Br.
Kl.
espress.
Fg. Bkl.
pp
B. Dieses e länger halten.
Wäl-sung mich ge - sellt, ihm in-nig ver-traut
Ob.
p cresc.
cresc.
Vl.
p cresc.
Pk.
Pos.
Vc. KB.

breiter.
dim.
B.
trotzt ich deinem Ge - bot.[302]
Wotan
W.
So
Lebhaft
Hbl.
Str.
Str.
Hr.
dim.
ta - test du, was so gern zu tun ich be-gehrt; doch was
Hr. Hbl.
Str.
dim.
nicht zu tun, die Not zwie-fach mich zwang?
Str.
più f
So leicht wähntest du Won-ne der Lie-be er - wor - ben, wo
[des Herzens]
dim.

W.
accel.
bren - nend Weh in das Herz mir brach, wo gräß - li-che Not den Grimm mir schuf, einer
accel.
cresc.
p
cresc.
rall.
Tempo
Welt zu Lie-be der Lie-be Quell im ge-quäl - ten Herzen zu hem - men?
Tempo
rall.
f
p
p cresc.
mf
fz
Wo ge-gen mich sel - ber ich sehrend mich wand - te, aus Ohnmacht
mf
p
p
mf
Schmer - zen schäu-mend ich auf - schoß, wü - tender Sehnsucht
cresc.
f
Str.
Pos.
mf
sen - gender Wunsch den schreck - li-chen Wil - len mir schuf, in den
mf
p cresc.
Hr.
Pos.

W.
Trüm - - mern der eig - - - - - - nen Welt
accel.
Pos.
Hbl. Hr.
molto accel.
più f
Trp. Pos.
mei - ne ew - ge Trau - er zu en - den: –
rall.
Pos. Trp.
ff
dim.
p
Hr.
pp
Pk.
Pos.
etwas frei
da lab - te süß dich se - li - ge Lust;
Mäßig und zurückhaltend
Hr. Fg.
ten.
sf
pp
Str.
won - ni - ger Rüh - rung üp - pi - gen Rausch ent - trankst du la - chend der Lie - be
cresc.
dim.
Trank, als mir gött - li - cher Not na - gen - de Gal - le ge - mischt?
Btrp. Pos.
più p
Ob. Kl. Engl. H. Fg.

W.
trocken und kurz
3
Etwas bewegter
Dei-nen leichten Sinn laß dich denn
Str.
pp
6
cresc.
mf
leì - ten: von mir sagtest du dich los.
Dich muß ich
B.
pp
p Str.
meiden; gemeinsam mit dir nicht darf ich Rat mehr rau - nen; ge-trennt, nicht dürfen
cresc.
fp
accel. Str.
Pos.
p
cresc.
traut wir mehr schaf-fen, so weit Le-ben und Luft, darf der Gott dir nicht mehr be-
f
Btrp. Pos.
KBT.
Str.
p
geg-nen! [303]
Lebhaft
Langsamer
rall.
Engl. H.
f
dim.
f Str. Btrp. Pos.
cresc.
ff
Str.
dim.
p

Brünnhilde
p einfach
Wohl taug-te dir nicht die tör-ge Maid, die staunend im Ra-te nicht dich ver-
Ob.
Fg.
pp
Kl.
Fg.
Kl.
poco cresc.
stand, wie mein eig-ner Rat nur das ei-ne mir riet: zu lie-ben, was du ge-
riten.
rf
Str.
p
liebt. Muß ich denn schei-den und scheu dich mei-den, mußt du
Ob.
Kl.
Fg.
p
Str. pp
poco cresc.
spal-ten, was einst sich umspannt, die eig-ne Hälfte fern von dir halten, daß sonst sie ganz dir ge-
riten.
cresc.
f dim.
Ob. Hr. Fg.
tempo
hör-te, du Gott, ver-giß das nicht! Dein e-wig Teil nicht wirst du ent-
Allmählich belebter
Str.
sf dim.
Kl. Hr. Fg.
p Str. Hbl.
poco a poco

B.
eh- - - - ren, Schan- - - de nicht wol- - len, die dich be-
Hr. cresc.
schimpft: dich selbst lie-ßest du sin-ken, sähst du dem
più f
Etwas breiter
f
p cresc.
Spott mich zum Spiel!
W.
Wotan. (ruhig)
Du folg - test
Schnell
Ruhig
sf p
Str. Hbl. Hr.
più f
Vc.
dim.
p
più p
Partitur: (fol-ge nun)
se-lig der Lie-be Macht: fol - ge nun dem, den du lie - ben mußt.
pp Str.
ten.
p
(pizz.)
p Vc.
ten.
Brünnhilde
Soll ich aus Walhall scheiden, nicht mehr mit dir schaffen und walten, dem her-ri-schen
Allmählig belebter
Hbl. Hr.
fp
p Vc.
fp
Str.
p
Hbl.
fp Hr. Str.

B.
Man - - ne ge-hor-chen fort - an: dem fei - gen Prah-ler gib mich nicht
p cresc.
fp cresc.
Bl.
f
Br.
B.
W.
poco riten.
preis, nicht wert-los sei er, der mich ge-winnt!
Wotan
Von Wal-va-ter
riten.
Hbl. Hr.
a tempo
Hbl. Hr.
Vl.
f dim.
p dolce
Str. p
f
B.
W.
(leise mit vertraulicher Heimlichkeit.)
Du zeugtest ein edles Ge-
schiedest du – nicht wäh - len darf er für dich.
Str.
Hr. Fg.
p
p
Str.(pizz.) pp
(pizz.)
B.
schlecht; kein Za-ger kann je ihm entschlagen; der weih-lich-ste
Kl.
Ob.
pp
p
Hr.
p aber bestimmt

B.
Held, ich weiß es, ent - blüht dem Wäl - sun-gen-stamm.
W.
Schweig von dem
poco cresc.
Fg.
cresc.
f
Hr.
Wäl - - sun-gen-stamm! Von dir ge - schie - - den,
Str.
dim.
schied ich von ihm; ver - nich - - - ten mußt ihn der
Brünnhilde
B. Sehr deutlich.
Die von dir sich riß, ret - te-te
Neid!
Hr. Fg.
Str.
p
cresc.
sf
dim.

heimlich
B.
ihn. Sieg - lin - de hegt die hei - ligste
Hbl.
p aber markiert
poco cresc.
pp
Br.
belebter
Frucht; in Schmerz und Leid, wie kein Weib sie ge -
mf
f
Str.
dim.
lit - ten, wird sie ge - bä - ren, was bang sie
p
birgt.
Wotan
W.
Nie su - che bei
cresc.
Str.
dim.
mir Schutz für die Frau, noch für ih - res Scho - ßes Frucht!
trem.
Trp.
più p

Brünnhilde (heimlich).
B. Immer p, doch eindringlich und dringend.
Sie wah - - ret das Schwert, das du Sieg - mund schu - - fest.
etwas bestimmt
cresc.
dolce
Wotan (heftig).
Und das ich ihm in Stü - cke schlug!
molto cresc.
Hbl. Hr.
Trp.
Str.
Bkl.
lange
Pos.
Nicht streb, o Maid, den Mut mir zu stö - ren; er - war - - te dein

W.
Los, wie sich's dir wirft; nicht kie - - - sen
rall.
poco cresc.
dim.
kann ich es dir.
B. Trocken.
Doch fort muß ich jetzt, fern mich verziehn; zu
Etwas langsamer
Br.
p
Pos. Tb.
sf > p
viel schon zö-gert ich hier: von der Ab-wen-di-gen wend ich mich ab; nicht
Str. p
cresc.
wis-sen darf ich, was sie sich wünscht: die Stra - - - fe nur muß vollstreckt ich
f
ff
Pos.
Str.
Brünnhilde
Was hast du erdacht, das ich er - dul - de?
sehn!
In
nicht schleppen
Fl. Engl.H.
Kl. Fg. Bkl.
Pk.
più p

W.
festen Schlaf verschließ ich dich:
Hr.
Btrp.
dim.
ppp Str.
Pk.
immer pp
wer so die Wehrlose weckt,
dem ward, erwacht, sie zum Weib! [311]
Btrp.
Sehr bewegt
Str. Hr. Ob. Fg.
molto cresc.
Brünnhilde (stürzt auf ihre Knie).
B.
Soll fesselnder Schlaf fest mich binden, dem
Pos.
cresc.
feigsten Manne zur leichten Beute: dies
p sempre

B.
ei- - ne mußt du er - hö- - ren, was heil- -
- - ge Angst zu dir fleht! Die schla- - fen-de
B. Etwas anhalten.
B. Haupttempo.
B. Etwas anhalten.
B. Haupttempo.
bestimmt
schü - tze mit scheu - - chen-den Schre - cken, daß nur ein
furcht - los frei - e-ster Held hier auf dem Fel- - sen einst mich
p
cresc.
sf
Hbl. Hr.
Str. f
Pos.
p cresc.
più f
Hbl.
Hr.
Vc. (pizz.)

B.
fänd!
W.
Wotan
Zu
Str.
f
Trp.
Pos. Pk.
p
pp trem.
B. Drängend.
viel be- -gehrst du, zu viel der
cresc.
Gunst! [314]
accel.
molto cresc.
Brünnhilde (seine Knie umfassend).
Dies ei- - - - ne mußt du er-hö- - ren! Zer-kni- - cke dein
ff Sehr bewegt
fp

B.
Kind, das dein Knie um-faßt; zer-tritt die Trau-te, zer-trümm-re die
sf
f
cresc.
Maid, ih-res Lei-bes Spur zer-stö-re dein Speer:
Ob. Hr. Fg. Pos.
p
cresc.
ff
doch gib, Grau-sa-mer,
Str.
mf cresc.
più f
nicht der gräß-lichsten Schmach sie preis!
Str.
f Btrp. Pos.
ff
B. Aufspringend. Einige Schritte nach rückwärts.
(mit wilder Begeisterung.)
Auf dein Ge-bot
p
f
Trp.
ff

B.
entbren - ne ein Feu - - - - er;
Str.
p
mf
Hbl. Hr.
cresc.
den Fel - - - sen um glü - - - - he
più f
lo - - - dern-de Glut; es leck ihre
ff p
fp
Zung, es fres - - se ihr Zahn den
fp
cresc.
Za - - - - - - gen, der
ff Trp. Pos.
Pk.
sf
Hr.
Fg.
meno f

B.
frech sich wag- - - - -te dem
p
cresc.
Pos.
freis- -li-chen Fel- - - - - - - -sen zu nahn!
(Wotan, überwältigt
più f
Hbl. Hr.
ff
Str.
Hbl. Hr.
fff
Btrp. Pos.
und tief ergriffen, wendet sich lebhaft gegen Brünnhilde, erhebt sie von den Knien und blickt ihr gerührt
in das Auge.)
più f
W.
Wotan
Leb
Hr.
fff V. Orch.

W.
wohl, du küh - - - nes, herr - - - - li-ches
Str. Hr. Fg.
Vl.
Kind!
Du mei - - nes Her - - - - zens
Pos.
hei - - - - lig - ster Stolz!
Leb
cresc.
wohl!
leb wohl!
Hbl. Hr.
leb
wohl!
Btrp. Pos.
dim.

(Sehr leidenschaftlich.)
W.
Muß ich dich
Vc.
ten.
pp
piu p
morendo
Br.
Fg. Kl.
mei - - den, und darf nicht min - - nig mein
Vl.
Hr.
Gruß dich mehr grü - - - ßen,
cresc.
f
dim.
sollst du nun nicht mehr ne - - - ben mir
Pos.
Hr. Fg.
rei - - ten, noch Met beim Mahl mir rei - chen,

W.
muß ich ver - lie - - - - - - ren
Engl. H. Kl.
espress.
p
ten.
dich, die ich lie - - - - - be, du
Ob.
cresc.
la - - - - - chen - de Lust mei - nes
Au - - - - - - ges: ein bräut - liches Feu - - er
Vl.
molto cresc.
Pk.
fp Str.
Vc.
soll dir nun bren - nen, wie nie ei - ner Braut es ge -
cresc.

W.
brannt! Flam - men-de
f Hbl.Hr.
Glut um - glü - he den
più f
Fels; mit zeh - - renden Schre - cken
f B.Fg.
Pos.
scheuch es den Za - gen; der Fei - - ge
Trp.
Pos.
flie - - he Brünn - hil-des Fels!
più f
ff
trem. Vl.
dim.
Trp.
Hr.-Btrp.
mf

W.
Denn ei - - - ner nur frei - e die Braut,
Etwas langsamer
immer p
cresc.
Pos.
poco riten.
der frei - - - - - - - - - er als
dim.
(Brünnhilde sinkt, gerührt und begeistert, an Wotans Brust: er hält sie lange umfangen.)
ich, der Gott!
pp
Pk.
p Hbl. Hr. Trp. Pos.
Pk.
molto cresc.
ff
molto cresc.
p Str.
p Bl.
p Str.
molto cresc.
ff
p
Fl. Ob. Kl.

poco accel.
molto cresc.
(Sie schlägt das Haupt wieder zurück und blickt, immer noch
a tempo
rallent.
v.O.
ff
trem.
ihn umfassend, feierlich ergriffen Wotan in das Auge.)
ff
8
B. Feierlich innige, neue Umarmung
Hbl. Hr.
ff
dim.
Vl.
Bl.
Vl.
p
Vc.
dolce
Vl.
dim.
più p
Vc.
B. früher
Wotan
W.
Langsam
Der
poco rall.
Br.
pp legato Pos.

W.
Au - gen leuch - ten-des Paar, das oft ich lä - chelnd ge -
immer pp
kost, wenn Kam - pfes - lust ein Kuß dir
Btrp.
pp
Vc.
lohn - te, wenn kin - disch lallend der Hel - den Lob von hol - - den Lip-pen dir
Pos.
floß: dieser Au - gen strah - lendes Paar, das
Engl.H.
pp Fg.Hr.
cresc.
f
Pos.
dim.

W.
oft im Sturm mir ge - glänzt, wenn
p
Hoff - nungsseh - nen das Herz mir sengte, nach Wel - tenwon - ne mein
pp
fp
cresc.
Wunsch ver - langte aus wild we - ben - dem Ban - gen: zum
mf
dim.
poco rall.
letz - ten Mal letz' es mich heut mit des
Vl.
più p
Fg.
immer pp
Le - be - woh - les letz - tem Kuß!
Hr. Fg.
pp dolce

pp
cresc.
W.
Dem glück - lichern Man - ne glän - ze sein Stern: dem
cresc.
un - - se - li - gen Ew' - - - - gen muß es schei - dend sich
f
dim.
più p
(Er faßt ihr Haupt in beide Hände.)
schlie - - ßen.
ausdrucksvoll
Denn so kehrt der Gott sich dir
Hr. Engl. H.
pp
Pos.
p
Pk. 3
pp
Pos.
(Er küßt sie lange auf die Augen.)
ab, so küßt er die Gott - - heit von dir! 325
arpegg.
Fl.
Str.
pp
pp
Hbl.
Hfe.
Pk.
ppp
sehr sanft
(Sie sinkt mit geschlossenen Augen, sanft ermattend, in seine Arme zurück. Er geleitet sie zart auf einen niedrigen Moos-
Ob.
pp
Str.
simile

hügel zu liegen, über den sich eine breitästige Tanne ausstreckt.)
Hr.
dolce
Vl.
pp
Trp.
più p
pp dolce
ausdrucksvoll
(Er betrachtet sie und schließt ihr den Helm: sein Auge weilt dann auf der
Str.
pp
legato molto
Gestalt der Schlafenden, die er nun mit dem großen Stahlschilde der Walküre ganz zudeckt.)
sehr zart und ausdrucksvoll
Pos.
più p
pp
B. Sehr leise
più p
cresc.
dim.
più pp

(Langsam kehrt er sich ab, mit einem schmerzlichen Blicke wendet er sich noch einmal um.)

W.
Lo - he; wie ich dich band, bann ich dich
Pos.
più f
B. Etwas breit.
heut! Her - auf, wa - bern - de
B. Fließender.
p
Engl. H. Hr. Fg.
Str.
fp
Kl.
Lo - he, um
Bkl.
Btrp. Pos.
p
poco cresc.
lo - dre mir feu - rig den Fels!
(Er stößt mit dem Folgenden dreimal mit dem
Kl.
dim.
cresc.
Speer auf den Stein.)
(Erster Stoß.)
Lo - - ge!

(Zweiter.)
(Dritter.)
(Dem Stein entfährt ein Feu-
W.
Lo - ge! hie - her! [329]
f
trem.
ersträhl, der zur allmählich immer helleren Flammenglut anschwillt.)
cresc.
più f
Br. Vc.
ff
simile
(Hier bricht die lichte Flackerlohe aus.)
Kl. Fl.
Hbl. Hr. Hfe. Str.
p
poco cresc.
cresc. sempre

f
più f
(Lichte Brunst umgibt Wotan mit wildem Flackern. Er weist mit dem Speere gebieterisch dem Feuermeere den Umkreis
ff
Glockensp. Triang.
simile
des Felsenrandes zur Strömung an; alsbald zieht es sich nach dem Hintergrunde, wo es nun fortwährend den Bergsaum
ff
Becken. Hbl. Hr. Str.
Hfen.
umlodert.)
dim.
simile
p
Hbl. Str. u. Hfen.
dim.

più p
Hbl.
pp dolce
Str.
Hr.
Trp.
Wotan
w.
Wer mei - - - nes
Spee - - - - - - res Spi - - - - - - - tze
cresc.
Б. Die Sechzehntel-Noten des Thema sehr deutlich.
Hr. Btrp.
fürch - - - - - - - - - - tet, durch-

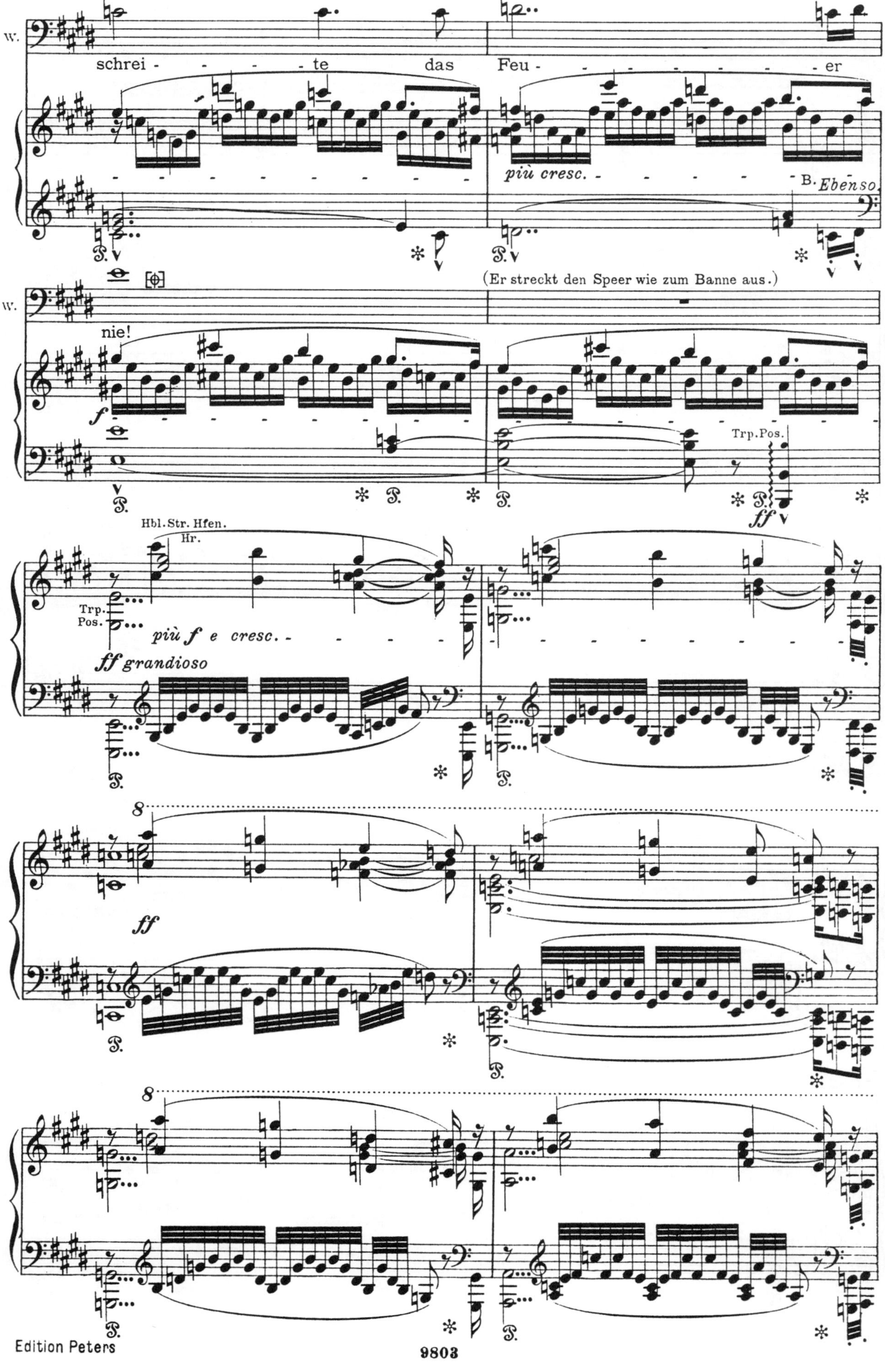
W.
schrei - - - - te das Feu - - - - - - - er
più cresc.
B. Ebenso
nie!
(Er streckt den Speer wie zum Banne aus.)
Trp. Pos.
ff
Hbl. Str. Hfen.
Hr.
Trp.
Pos.
più f e cresc.
ff grandioso
8
ff
8

(Er blickt schmerzlich auf Brünnhilde zurück.)
Hbl. Str.
dim.
p espress.
cresc.
Hr. Br.
Pos. Vc.
dim.
più p
(Er wendet sich langsam zum Gehen.)
Hbl.
sempre stacc.
p dolce
più p
Hr.

sempre più p
Vc. Hr.
(Er wendet sich nochmals mit dem Haupt und blickt zurück.)
dim.
Btrp.
Pos.
pp
Hr. Bkl.
Btrp.
Pos.
(Er verschwindet durch das Feuer.)
pp
Trp.
pp
V.O.
più pp
Vorhang fällt
dim. e rit.
ppp
Bläser.